智能网联汽车专业岗课赛证融通系列教材
丛书主编　徐念峰　詹海庭

智能网联汽车智能传感器安装与调试

组　编	中国汽车工程学会　国家智能网联汽车创新中心

主　编　罗洋坤（湖南汽车工程职业学院）
　　　　王海川（北京新能源汽车股份有限公司）

副主编　索传哲（柯柏文（深圳）科技有限公司）
　　　　陈立旦（浙江经济职业技术学院）

参　编　陈　刚（湖南汽车工程职业学院）
　　　　佘　翔（浙江经济职业技术学院）
　　　　陆方舟（浙江经济职业技术学院）
　　　　张华伟（云南交通职业技术学院）
　　　　赵　宇（长春汽车工业高等专科学校）
　　　　邹涯梅（成都航空职业技术学院）
　　　　梁霖锋（福建船政交通职业学院）
　　　　林土淦（广西交通职业技术学院）
　　　　孙凤霞（黑龙江农业工程职业学院）
　　　　冯林武（四川交通职业技术学院）
　　　　李　卫（湖南信息职业技术学院）
　　　　佟廷友（江苏安全技术职业学院）
　　　　丁云鹏（北京市昌平职业学校）
　　　　蔡海涛（青岛交通职业学校）
　　　　赵同兴（南昌汽车机电学校）

主　审　霍　克（国汽（北京）智能网联汽车研究院有限公司）

机械工业出版社
CHINA MACHINE PRESS

本书是智能网联汽车专业"岗课赛证"融通教材，主要内容包括智能传感器常用检测工具的使用、智能传感器的认知、毫米波雷达的装配调试、视觉传感器的装配与联机调试、激光雷达的装配调试、组合导航的装配调试、超声波雷达的装配调试共 7 个学习任务。每个学习任务按照任务导入、任务分析、任务资讯、任务准备、任务实施、任务检查与评价进行教学闭环设计。

本书按照智能网联汽车测试装调职业技能等级证书要求编写，按照活页式教材形式打造，借助"互联网+"及信息技术，使教材内容呈现立体化、可视化、数字化特点，能够满足"人人皆学、处处能学、时时可学"的学习创新空间，为学习者提供"能学、助教、助训、助考"的课程资源。

本书可作为职业院校智能网联汽车类专业的教学用书，也可作为智能网联汽车测试装调职业技能等级证书考证培训用书，还可作为企业技术培训资料和汽车爱好者的科普读物。

图书在版编目（CIP）数据

智能网联汽车智能传感器安装与调试 / 中国汽车工程学会，国家智能网联汽车创新中心组编；罗洋坤，王海川主编. — 北京：机械工业出版社，2022.6（2025.1重印）
智能网联汽车专业岗课赛证融通系列教材
ISBN 978-7-111-71028-8

Ⅰ.①智… Ⅱ.①中… ②国… ③罗… ④王… Ⅲ.①汽车—智能通信网—传感器—设备安装—教材②汽车—智能通信网—传感器—调试方法—教材　Ⅳ.①U463.67

中国版本图书馆CIP数据核字（2022）第102447号

机械工业出版社（北京市百万庄大街22号　邮政编码100037）
策划编辑：赵海青　邢　琛　　　责任编辑：赵海青　王　婕
责任校对：张亚楠　刘雅娜　　　责任印制：单爱军
中煤（北京）印务有限公司印刷
2025年1月第1版第7次印刷
184mm×260mm・11.75印张・191千字
标准书号：ISBN 978-7-111-71028-8
定价：49.90元

电话服务　　　　　　　　　　网络服务
客服电话：010-88361066　　　机　工　官　网：www.cmpbook.com
　　　　　010-88379833　　　机　工　官　博：weibo.com/cmp1952
　　　　　010-68326294　　　金　书　网：www.golden-book.com
封底无防伪标均为盗版　　　　机工教育服务网：www.cmpedu.com

智能网联汽车专业岗课赛证融通系列教材

编 审 委 员 会

顾　问　付于武（中国汽车工程学会终身名誉理事长）
　　　　　李　骏（中国工程院院士 清华大学教授）
　　　　　李志宏（教育部高等教育评估中心原副主任）

主　任　张进华

副主任　闫建来　严　刚　楼志刚

委　员　徐念峰　尹万建　关志伟　张成山　李　雷
　　　　　朱福根　解　云　李晶华　刘学军　董铸荣
　　　　　缑庆伟　陈黎明　张红英　于万海　梁洪波
　　　　　孔春花　弋国鹏　吴书龙　赵玉田　刘卫国
　　　　　詹海庭　徐月云　袁　杰

丛书序 FOREWORD

进入 21 世纪以来，我国汽车产销逐渐从爆炸式增长发展为稳步增长，已经成为世界最大的汽车生产国和主要的汽车消费国。到 2024 年底，我国的汽车年产销量均超过 3100 万辆，步入了汽车社会。2020 年 2 月 10 日，国家发展和改革委员会、科学技术部、工业和信息化部等 11 个部门联合印发了《智能汽车创新发展战略》，旨在加快推进智能汽车的创新发展。2021 年 2 月，在国务院印发的《国家综合立体交通网规划纲要》中特别提到：推进智能网联汽车（智能汽车、自动驾驶、车路协同）应用，推动智能网联汽车与智慧城市协同发展。在政策、技术与市场等多重因素的影响下，汽车这一传统产业与能源、交通、信息通信等领域有关技术加速融合，正在形成电动化、智能化、网联化的发展格局。智能网联汽车的发展已经进入快车道。目前，国内职业院校汽车专业人才培养供给难以满足智能网联汽车产业发展需求。为了给社会培养更多有用的人才，近年来，国内职业院校的智能网联汽车技术专业在迅速扩充规模的同时积极探索新的人才培养模式、课程体系，积极探索行动导向教学法，以实现培养适应新汽车技术人才的需要。

2021 年 4 月，中国汽车工程学会、国家智能网联汽车创新中心发布了全国职业院校《智能网联汽车专业建设白皮书（2021 版）》，为职业院校智能网联汽车技术专业建设提供了思路。2020 年，教育部职业技术教育中心研究所公示了第三批职业教育培训评价组织和职业技能等级证书名单，智能网联汽车测试装调职业技能等级证书正式公布。为满足行业对智能网联汽车技术专业人才的需求，促进高职院校智能网联汽车技术专业建设、推动智能网联汽车职业技能等级证书认证制度，特开发了智能网联汽车专业岗课赛证融通系列教材。该系列教材根据智能网联汽车测试装调职业技能等级证书标准要求，分为初、中、高级教材，其中初级教材囊括了《智能网联汽车计算平台测试装调》《智能网联汽车智能传感器安装与调试》《智能网联汽车智能座舱系统测试装调》和《智能网联汽车底盘线控执行系统安装与调试》4 种，主要从智能网联汽车各系统装调为主进行介绍。同时，该系列教材从岗位需求出发，以就业为导向，以实践技能为核心，倡导以学生为本位的培养理念，立足2021年教育部颁布的职业教育专业目录，体现新时代汽车产业"智能化、网联化、电动化、共享化"发展对汽车生产制造和售后服务等岗位（群）要求，将综合性和案例性的实践活动转化成教材内容，帮助学生积累实际工作经验，全面提高学生的职业实践能力和职业素养。

因此，本系列教材按照智能网联汽车专业岗位的职业特点和职业技能要求，务求探索和创新：

1）立足先进的职业教育理念，紧跟汽车新技术的发展步伐，结合智能网联汽车技术专业的职业面向、培养目标和与之对应的课程体系、教学体系进行教材内容设置，及时反映产业升级和行业发展需求，体现新知识、新技术、新工艺、新方法、新材料。

2）全面贯彻落实《国家职业教育改革实施方案》，充分借鉴"双元制"先进职业教学模式，采用"校企合作"编写模式。

3）本系列教材根据智能网联汽车行业职业需求和岗位要求，依据汽车行业的能力标准和"1+X"证书技能等级鉴定标准组织相应内容，采用"行动导向、任务引领、学做结合、理实一体"的原则进行教学任务设计，突出体现了以学生为主体，强调学生在做中学，实现了理实一体化教学模式。

4）随着时代的发展，本系列教材强化了学生实习实训内容，并配套开发了信息化资源，适应了"信息化+职业教育"的发展需求，运用现代信息化技术改进了教学方式方法。

本系列教材响应国家1+X证书制度试点工作，采用活页式教材形式编写，从岗位任务和岗位技能需求出发，培养学生职业岗位技能，实现课程内容与职业技能的融合、技术能力与工作岗位对接、实习实训与顶岗工作学做合一，使学生在学习和实践中了解职业及岗位，培养良好的职业道德和职业素养。

本系列教材在中国汽车工程学会的组织引导下，由多所职业院校教师共同参与完成，其间得到了广大企业及相关合作单位的支持和指导，是智能网联汽车技术专业职业教育领域集体劳动的成果和智慧结晶。在此，谨对付出辛勤劳动的作者表示衷心感谢。

智能网联汽车测试装调职业技能等级证书系列教材研发组

前言 PREFACE

2021年4月，中国汽车工程学会、国家智能网联汽车创新中心发布了全国职业院校《智能网联汽车专业建设白皮书（2021版）》，为职业院校智能网联汽车技术专业建设提供了思路。为满足行业对智能网联汽车技术专业人才的需求，促进高职院校汽车专业建设，开发了本教材。本教材具有以下特点：

1）采用学习任务式编写体例。每一个学习任务都对应有相关的任务驱动，且配备有对应的技能操作步骤，可操作性强。

2）以就业为导向，以职业能力培养为核心，注重学生实践应用能力的培养和技能的提升，使学生培养过程实现理实一体，旨在为行业培养高素质的汽车智能技术技能人才。

本教材响应国家1+X证书制度试点工作，采用活页式教材形式编写，以全面素质为基础，以职业能力为本位，从岗位任务和岗位技能需求出发，培养学生职业岗位技能，实现课程内容与职业技能的融合，技术能力与工作岗位对接，实习实训与顶岗工作学做合一，使学生在学习和实践中了解职业及岗位，培养良好的职业道德和职业素养。

教材内容的遴选和取舍，突出职业引导功能，遵循学生的认知规律和技能养成规律，坚持以应用为主线，适应课程的综合化和模块化的需要，以"实用、适用、够用"为度，满足岗位的需要。全书共7个学习任务，其体系结构及内容包括智能传感器常用检测工具的使用、智能传感器的认知、毫米波雷达的装配调试、视觉传感器的装配与联机调试、激光雷达的装配调试、组合导航的装配调试和超声波雷达的装配调试。每个学习任务均按照任务导入、任务分析、任务资讯（包括传感器的结构原理、特点分类、技术参数及应用等）、任务准备（包括任务计划、任务决策）、任务实施（包括前期准备、实操演练）和任务检查与评价（包括任务评价、任务小结）等环节编写，同时每个学习任务匹配数字化教学资源，包括实操视频、微课视频、结构原理演示动画、实训仿真等，实现线上+线下、数字资源+纸质资源的多维度融合，遵循能力递进的原则，便于教学组织和实施，便于培训和实践操作。

本书主要由中国汽车工程学会、湖南汽车工程职业学院、浙江经济职业技术学院等单位教学团队合作完成编写。在本书编写过程中，得到许多来自行业、企业、研究所、学会等专家的指导，在此对他们深表感谢。

由于编者水平有限，书中疏漏之处在所难免，殷切希望广大读者对书中误漏之处予以批评指正。

编 者

活页式教材使用注意事项

 根据需要,从教材中选择需要夹入活页夹的页面

 小心地沿页面根部的打孔线将页面撕下。为了保证沿虚线撕开,可以先沿打孔线折叠一下。注意:一次不要同时撕太多页。

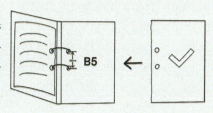

选购孔距为80mm的双孔活页文件夹,文件夹要求选择竖版,不小于B5幅面即可。将撕下的活页式教材装订到活页夹中。

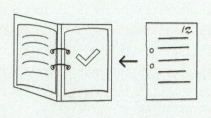

 也可将课堂笔记和随堂测验等学习资料,经过标准的孔距为80mm的双孔打孔器打孔后,和教材装订在同一个文件夹中,以方便学习。

温馨提示:在第一次取出教材正文页面之前,可以先尝试撕下本页,作为练习

目 录 CONTENTS

丛书序
前　言

学习任务 1
智能传感器常用检测工具的使用
001

1.1	任务导入	…001
1.2	任务分析	…001
1.3	任务资讯	…001
1.4	任务准备	…015
1.5	任务实施	…017
1.6	任务检查与评价	…021

学习任务 2
智能传感器的认知
024

2.1	任务导入	…024
2.2	任务分析	…024
2.3	任务资讯	…024

学习任务 3
毫米波雷达的装配调试
030

3.1	任务导入	…030
3.2	任务分析	…030
3.3	任务资讯	…030
3.4	任务准备	…038
3.5	任务实施	…039
3.6	任务检查与评价	…047

XI

学习任务 4
视觉传感器的装配与联机调试
050

4.1	任务导入	...050
4.2	任务分析	...050
4.3	任务资讯	...050
4.4	任务准备	...057
4.5	任务实施	...058
4.6	任务检查与评价	...061

学习任务 5
激光雷达的装配调试
063

5.1	任务导入	...063
5.2	任务分析	...063
5.3	任务资讯	...063
5.4	任务准备	...076
5.5	任务实施	...077
5.6	任务检查与评价	...087

学习任务 6
组合导航的装配调试
090

6.1	任务导入	...090
6.2	任务分析	...090
6.3	任务资讯	...090
6.4	任务准备	...108
6.5	任务实施	...109
6.6	任务检查与评价	...118

学习任务 7
超声波雷达的装配调试
121

7.1	任务导入	...121
7.2	任务分析	...121
7.3	任务资讯	...121
7.4	任务准备	...130
7.5	任务实施	...131
7.6	任务检查与评价	...138

附录 评价标准 141

附录 A	智能网联汽车检测工具使用评分标准	…141
附录 B	智能网联汽车毫米波雷达品质检测评分标准	…143
附录 C	智能网联汽车毫米波雷达装配评分标准	…145
附录 D	智能网联汽车毫米波雷达联机调试评分标准	…147
附录 E	智能网联汽车视觉传感器的装配评分标准	…149
附录 F	智能网联汽车视觉传感器的联机调试评分标准	…151
附录 G	智能网联汽车激光雷达品质检测评分标准	…153
附录 H	智能网联汽车激光雷达装配评分标准	…155
附录 I	智能网联汽车激光雷达安装位置标定评分标准	…157
附录 J	智能网联汽车激光雷达联机调试评分标准	…159
附录 K	智能网联汽车组合导航品质检测评分标准	…161
附录 L	智能网联汽车组合导航装配评分标准	…163
附录 M	智能网联汽车组合导航联机调试评分标准	…165
附录 N	智能网联汽车超声波雷达品质检测评分标准	…167
附录 O	智能网联汽车超声波雷达装配评分标准	…169
附录 P	智能网联汽车超声波雷达联机调试评分标准	…171

参考文献 173

学习任务 1
智能传感器常用检测工具的使用

1.1 任务导入

车厂技术人员通过检查车辆发现其前向毫米波雷达损坏,需要更换。在更换毫米波雷达前需要对其进行品质检测。作为一名专业的技术人员,你会使用常见的检测工具吗?

1.2 任务分析

知识目标	1. 掌握检测工具的功能。 2. 掌握检测工具的作用。 3. 熟悉检测工具的技术参数。
技能目标	1. 能够熟练使用检测工具对智能传感器进行调试。 2. 能够熟练使用检测工具对智能传感器进行检测。 3. 能够正确读取及分析检测工具及仪器设备的数据。
素养目标	1. 能建立独立思考、处理和分析问题的能力。 2. 能树立持之以恒、精益求精的工作精神。 3. 能具有灵活思维、协同创新的精神。

1.3 任务资讯

1. 数字万用表的使用

数字万用表作为常用的测量仪表,与模拟式万用表相比,其灵敏度高、准确度高、显示清晰、过载能力强、使用简单。数字万用表功能多,应用广泛,可以实现电压、电流、电阻、电容、二极管、晶体管、温度及频率等参数的测量。

(1)数字万用表的特点

1)数字显示,直观准确。数字万用表采用数字化测量和数字显示技术,通过液晶显示器把测量结果直接以数字的形式显示出来,读数方便准确。

2)准确度高。数字万用表的准确度是测量结果中系统误差和随机误差的综合,它表明了测量结果与实际数值的一致程度,也反映了测量误差的大小。数字万用表的准确度与显示位数有关,其性能远远优于指针式万用表。

3)分辨率高。分辨率是指数字万用表对微小电量的识别能力,主要受到准确度的制约。数字万用表中的分辨率是以能显示的最小数字(零除外)与最大数字的百分比来确定的,百分比越小,分辨率越高。例如,"3*1/2"为数字万用表可显示的最小数字为1,最大数字为1999,其分辨率为1/1999≈0.05%。

(2)数字万用表的使用方法 数字万用表(图1-1)是智能网联汽车配套、检测中要用到的多用途电子测量仪器,有很多特殊功能,其主要功能是对电压、电阻和电流等进行测量。

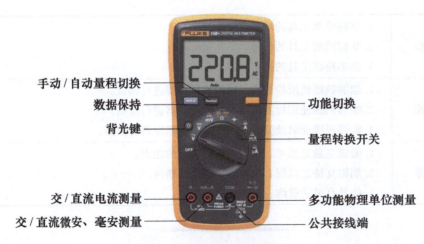

图1-1 数字万用表

数字万用表接线端说明,如图1-2所示。数字万用表测量参数见表1-1。

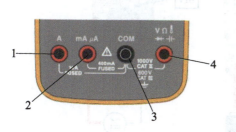

序号	说明
1	用于交流电流和直流电流测量（最大可测量 10A）、频率测量（17B+/18B+）的输入端子
2	用于交流电流和直流电流的微安以及毫安级测量（最大可测量 400mA）、频率测量（17B+/18B+）的输入端子
3	适用于所有测量的公共（返回）接线端
4	用于电压、电阻、通断性、二极管、电容、频率（17B+/18B+）、占空比（17B+/18B+）、温度（仅限 17B+）和 LED 测试（仅限 18B+）测量的输入端子

图 1-2 数字万用表接线端说明

注："17B+、18B+"为福禄克（FLUKE）数字万用表型号

表 1-1 数字万用表测量参数

档位/量程	型号			
	12E+/15B+	17B+	18B+	107
交/直流电压/V	1000	1000	1000	600
交/直流电压/mV	400.0	400.0	400.0	600.0
交/直流电流/A	10.00	10.00	10.00	10.00
交/直流电流/mA	400.0	400.0	400.0	—
交/直流电流/μA	4000	4000	4000	—
二极管电压/V	2.000	2.000	2.000	2.000
电阻/MΩ	40.00	40.00	40.00	40.00
电容/μF	1000	1000	1000	1000
频率/kHz	—	100.0	100.0	100.0

数字万用表使用方法如下：

1）交流电压的测量。将档位转换开关有黑线的一端拨至"V AC"档位 $\tilde{V}$，红表笔插入"V/Ω/→⊢"插口，黑表笔插入"COM"插口，表笔接触测量点，显示屏上便出现测量值（量程自适应），如图 1-3a 所示。

2）直流电压的测量。将档位转换开关拨至"V DC"档位 $\overline{V}$，表笔接法同 1），其测量方法与测交流电压相同，如图 1-3b 所示。在测量毫伏级交/直流电压时，将档位转换开关拨至"mV AC/DC"档位 $\frac{\overline{\sim}}{mV}$，按功能切换键切换直流和交流电压测量模式即可测量,如图 1-3c 所示。

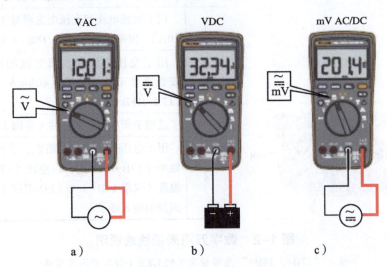

图 1-3 直流和交流电压测量示意图

3)电流的测量。被测交流或直流电流小于 400mA 时,将档位转换开关拨至"mA"档位,红表笔插入"mA/μA"插口,黑表笔插入"COM"插口,将两表笔串联接入被测量电路测量点,接通电路即可显示读数(量程自适应)。当被测交流或直流电流是 μA 级时,将档位转换开关拨至"μA"档位,其测量方法同上。当被测电流大于 400mA 时,红表笔应换至"10A"插口,黑表笔仍插入"COM"插口,其测量方法同上,显示值以"A"为单位,如图 1-4 所示。

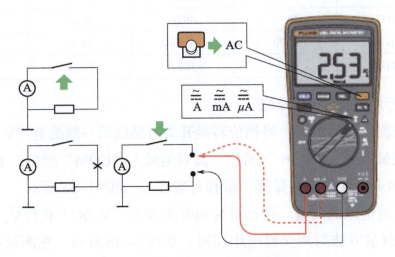

图 1-4 交流和直流电流的测量

4)电阻的测量。将档位转换开关拨至"Ω/⇥/ⵗ)))"档位,红表笔插入"V/Ω/⇥"插口,黑表笔插入"COM"插口,按功能切换键可切换至电阻档模式即可进行测量(量程自适应选择)。

5)线路通、断的检查。将档位转换开关拨至"Ω/⇥/ⵗ)))"档位,红表笔插入"V/Ω/⇥"插口,黑表笔插入"COM"插口,按功能切换键激活通断性蜂鸣器即可进行线路通、断检查。若被测线路电阻小于70Ω,则蜂鸣器将持续发出提示音,说明线路通路;反之,则表示线路不通或接触不良,如图1-5所示。

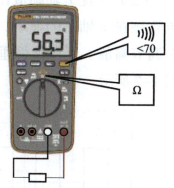

图1-5 线路通、断检查

6)二极管的测量。将档位转换开关拨至"Ω/⇥"档位,红表笔插入"V/Ω/⇥"插口,黑表笔插入"COM"插口,将红表笔接到待测二极管的阳极,黑表笔接到阴极。读取显示屏上的正向偏压,若测量表笔极性与二极管极性相反,显示读数为OL,则可以区分二极管的阳极和阴极。

2. 数字示波器的使用

在智能网联汽车车载传感器、控制器、执行器调试、测试中,数字示波器是常用的测量仪器,其作用是对连续信号进行片断式的采集,将采集到的模拟电压信号转换为数字信号记录下来,再通过显示屏将其重现,即可将肉眼无法识别的电子信号转换成可观测的波形图形。

数字示波器在使用中一般通过调节X轴上的时间间隔和Y轴上的幅值来观测各种物理参数的变化,如图1-6所示。

(1)示波器常用术语

1)幅值比例:垂直方向每格高度代表的信号数值。

2)时基(Time base):每格水平长度代表的时间值。

3)触发电平(Trigger level):示波器触发采集时的起始幅值。

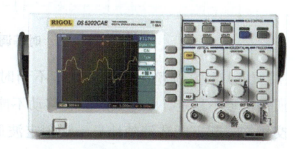

图1-6 数字示波器

4）触发源：示波器的触发通道信号，如通道1（CH1）、通道2（CH2）。

5）触发沿：示波器显示时的波形上升或下降沿。

6）自动触发（Auto trigger）：示波器根据信号特点自动设置触发条件。

（2）垂直Y轴幅值比例调节　示波器显示屏纵坐标控制系统可调节电压轨迹在Y轴上的显示，用户可通过电压档位调整开关、Y轴位移旋钮等来调节幅值。电压比例垂直方向上显示的每个格子所对应的实际幅值，如图1-7所示。

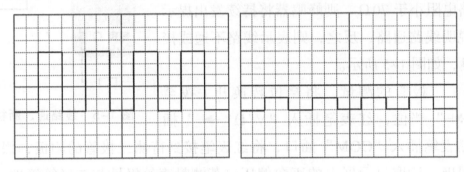

图1-7　电压比例示意图

（3）水平X轴时基调整　示波器显示屏横坐标控制系统可调整时基，时基的选择决定了重复性信号在显示屏上显示的频数，即水平方向显示的每个格子所对应的实际时间值。同样的信号使用不同时基的显示情况，如图1-8所示。

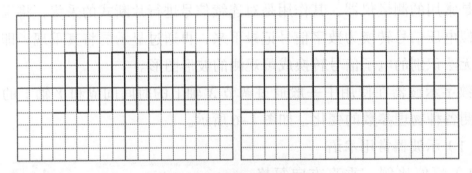

图1-8　时基调整示意图

（4）触发调整　当触发调节不当时，显示的波形将出现不稳定现象。所谓波形不稳定，是指波形左右移动不能停止在屏幕上，或者出现多个波形交织在一起，无法清楚地显示和锁定波形。图1-9a所示的波形不稳定，无法锁定；图1-9b正确设定了触发电平，准确锁定波形。

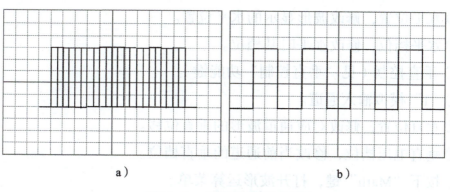

图1-9 触发调整示意图

(5)校准信号的使用 示波器提供一个频率为1kHz、电压为3V的校准信号,其作用是可以检查示波器自身的测量是否准确,输入探头是否完好,当使用比较法测量其他信号时,可作为标准提供参考信号,如图1-10所示。

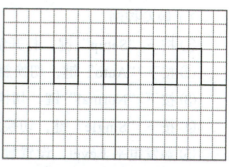

图1-10 校准信号示意图

(6)数字示波器的使用方法

1)水平控制(见"水平控制"功能键)。按下"ROLL"键进入快速滚动模式,滚动模式的时基范围为50ms/div~100s/div,如图1-11所示。

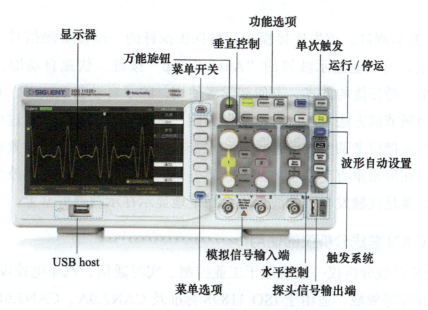

图1-11 数字示波器及按键功能图

① 水平位置，修改波形显示的水平位置。

② 水平档位，修改水平时基档位。

2）垂直控制（见"垂直控制"功能键）。

① "1"模拟输入通道。

② 垂直位置，修改对应通道波形的垂直位移。

③ 垂直电压档位，修改当前通道的垂直档位。

④ 按下"Math"键，打开波形运算菜单。

⑤ 按下"Ref"键，打开波形参考功能。

3）触发控制。

① 按下"Setup"键，打开触发功能菜单。

② 按下"Auto"键，切换触发模式为Auto（自动）模式。

③ 按下"Normal"键，切换触发模式为Normal（正常）模式。

④ 按下"Single"键，切换触发模式为Single（单次）模式。

⑤ 触发电平Level，设置触发电平。

4）运行控制。

① 按下"Auto Setup"键，开启波形自动显示功能。

② 按下"Run/Stop"键，可将示波器的运行状态设置为"运行"或"停止"。

5）波形测量。首先连接探头，将探头探针的一端接被测信号，鳄鱼夹接信号地。可以通过示波器的"Auto Setup"按键，快速自动地获取到波形，这是一种便捷的方式，方便初学者使用。除了自动获取波形，我们也要掌握手动调节的方法。以上升沿触发为例，选择合适的档位，通过调节垂直档位和时基档位来调整波形在垂直和水平方向上的波形大小，位置旋钮可以调节波形在屏幕垂直于水平方向的位置，通过调节Level电平在波形范围内的位置，满足此触发电平的波形便会稳定地显示在示波器屏幕上。

3. CAN 总线分析仪的使用

CAN总线分析仪一般应用于工业控制、实时通信、汽车电控设备开发、工业品开发等领域，适用于ISO 11898标准及CAN2.0A、CAN2.0B协议规范，如图1-12所示。

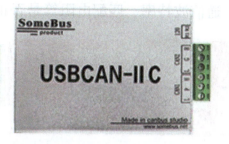

图 1-12　CAN 总线分析仪

（1）硬件连接　CAN 总线分析仪的 USB 接口符合 USB2.0 全速协议规范，USBCAN-II Pro 接口卡与 PC 的连接方式有以下两种：

1）总线分析仪供电模式。通过随机附带的 USB 电缆直接连接 PC 的 USB 接口，由 PC 的 USB 接口向 USBCAN-II Pro 接口卡提供 +5V 电源。

2）CAN 总线分析仪的连接。将 USBCAN-II Pro 接入 CAN 总线，CAN_H 连 CAN_H、CAN_L 连 CAN_L 即可建立通信。CAN-bus 网络采用直线拓扑结构，离总线最远的 2 个终端需要接入 120Ω 的终端电阻。如果节点数目大于 2，则中间节点不需要安装 120Ω 的终端电阻，对于分支连接，其长度不应超过 3m。

为了增强 CAN 通信的可靠性，消除 CAN 总线终端信号反射干扰，CAN 总线网络最远的 2 个端点通常要加入终端电阻。终端电阻的值由传输电缆的特性阻抗所决定。例如，双绞线的特性阻抗为 120Ω，则总线上的 2 个端点应集成 120Ω 的终端电阻。USBCAN-II Pro 接口卡采用 82C251 收发器，如果网络上其他节点使用不同的收发器，则终端电阻须另外计算，如图 1-13 所示。

USBCAN-II Pro 接口卡具有 1 个电源指示灯（PWR）、1 个数据流指示灯（SYS）、1 个 CAN1 指示灯、1 个 CAN2 指示灯，以指示设备的运行状态。USBCAN-II Pro 接口卡上电后，4 个指示灯同时点亮，之后 PWR 和 SYS 常亮，但 CAN1 和 CAN2 灯不亮，表明设备已经供电，系统完成初始化；否则，表示存在系统电源故障或其他故障。USB 接口连接正常后，当 PC 端有上位机软件调用 USBCAN 设备时，USB 信号指示灯 SYS 会闪烁。此时当 CAN1 或 CAN2 有数据收发时，对应的 CAN1、CAN2 指示灯会闪烁。若 SYS 闪烁但 CAN1 或 CAN2 指示灯不亮，则说明 CAN 通道无数据，应检查接线、通信波特率、匹配电阻等是否正确，如图1-14所示。

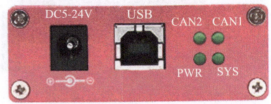

图1-13　CAN总线分析仪终端电阻设置　　图1-14　CAN总线分析仪状态指示灯

（2）ECANTools软件的使用方法　ECANTools软件是广成科技有限公司自主开发的调试软件，USB转CAN卡配合该软件可以快速进行CAN总线数据收发，实现PC到CAN2.0A和CAN2.0B协议的总线（包括标准帧、扩展帧、数据帧、远程帧）的双向通信。其发送界面包括普通模式和列表模式。

1）普通发送模式。普通发送模式非常直观，所有设置选项均在主界面中，可直接设置，如图1-15所示。

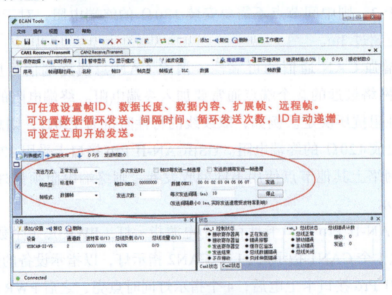

图1-15　普通发送模式

2）列表发送模式。列表发送模式可以将CAN帧添加到发送列表中，发送列表可同时发送多条不同的报文，并可循环发送，列表可保存到本地并可加载。此功能适用于CAN卡同时调试多个CAN节点，或需要按时序发送数据。用户可根据自己的习惯选择使用，如图1-16所示。

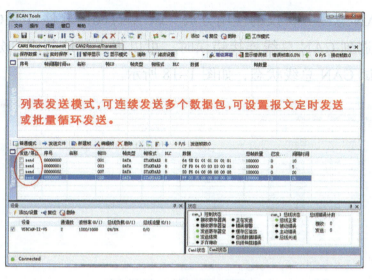

图 1-16 列表发送模式

3）波特率自动识别。ECANTools 软件可以自动识别总线波特率，当用户在不知道 CAN 总线波特率的时候，软件的自动识别波特率功能会帮助用户识别。识别波特率分为两种模式：标准波特率识别和全范围波特率识别，如图 1-17 所示。

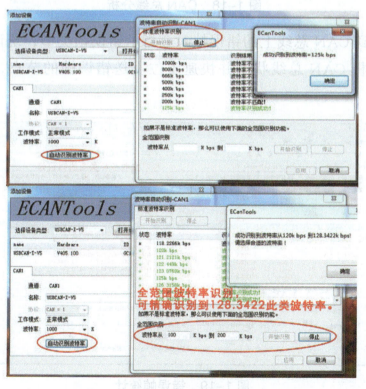

图 1-17 波特率识别

（3）CAN总线分析仪的使用方法　ECANTools软件自带CAN总线分析功能，当遇到CAN总线连接错误时，可以很直观地帮用户分析CAN总线干扰和测试CAN总线状态，如图1-18所示。

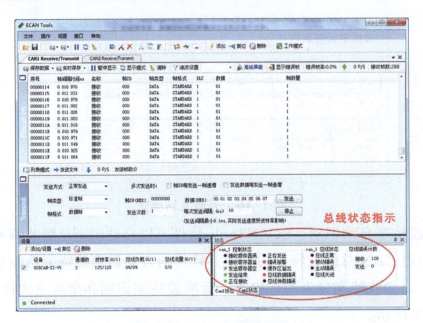

图1-18　CAN总线分析

当接收到CAN总线上的错误帧时会指示错误帧类型，统计错误帧率，便于用户分析CAN总线状态并快速定位发送错误帧的节点，如图1-19所示。

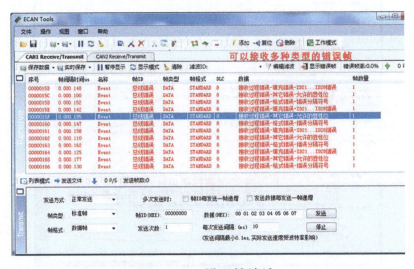

图1-19　错误帧统计

1）数据转发功能。数据转发功能可将某一通道接收到的 CAN 数据发送回当前总线或通过另一条通道发送出去。转发功能支持数据过滤，用户可以非常灵活地将滤波功能与转发功能一起使用，将双通道 USBCAN 设备作为连接两条 CAN 总线的网关，只将想要的数据转发过去。典型应用有：

① CAN 总线学习。设备开发人员可使用此功能将设备自身发送的数据经过 USBCAN 转发回来接收，从而判断设备的发送、接收功能是否正常，数据是否正确。

② 汽车电子开发诊断的用户可使用此功能将想要的数据过滤出来之后通过另一个通道发出，可用于屏蔽一些无关数据，如图 1-20 所示。

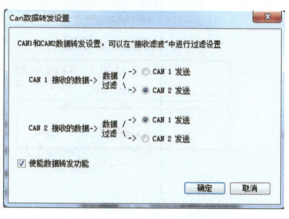

图 1-20　CAN 数据转发

2）智能多段滤波功能。智能滤波功能不再需要计算复杂的屏蔽码和验证码，只需简单地设置需要过滤显示的 ID 或 ID 段即可对应接收。比如，设置接收 ID 从 100~200，那么只需在滤波设置界面输入 100~200，则系统只接收 ID 为 100~200 的数据，滤波段可设置多个并可同时使用，如图 1-21 所示。

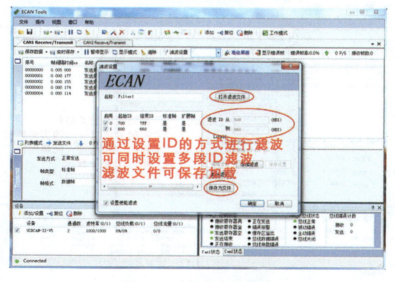

图 1-21　智能多段滤波

3）总线监听模式功能。可以设置 USB 转 CAN 卡只听模式，在这种模式下，设备只是接收 CAN 总线上的数据，不向总线发送回应数据包，适用于正在运行的 CAN 总线系统中，截获总线数据进行分析，如图 1-22 所示。

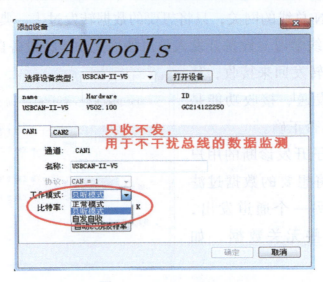

图 1-22　总线监听模式选择

4）实时数据统计显示功能。可以按相关统计规则，将接收到的数据实时分类显示，此功能非常便于将相同的帧合并到一起显示，便于数据分析和处理，如图 1-23 所示。

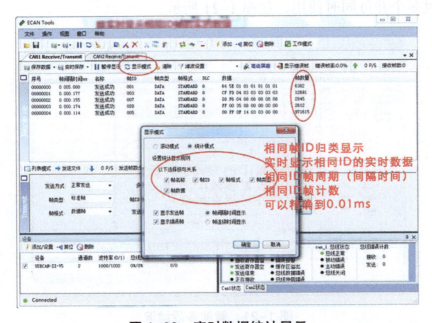

图 1-23　实时数据统计显示

资讯小结

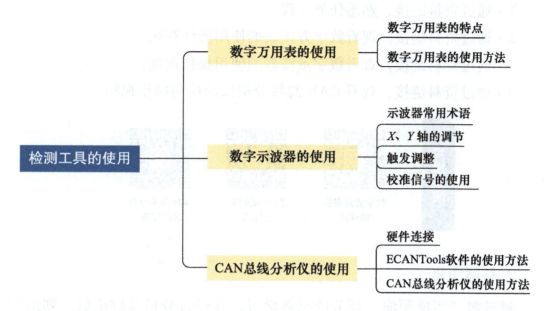

1.4 任务准备

1. 任务计划

（1）工具设备介绍

子任务模块	设备工具	功能备注
任务1 数字万用表的使用	智能网联教学车、毫米波雷达套件、数字万用表、用户手册、无纺布、绝缘垫、工作手套等	1. 智能网联教学车用于数字万用表的参数测量 2. 数字万用表用于测量参数 3. 毫米波雷达套件用于数字万用表的参数测量 4. 用户手册用于查阅相关参数 5. 无纺布、绝缘垫、工作手套用于设备及人身安全防护
任务2 数字示波器的使用	智能网联教学车、毫米波雷达套件、数字示波器、用户手册、无纺布、绝缘垫、工作手套等	1. 智能网联教学车用于数字示波器的参数测量 2. 数字示波器用于测量参数 3. 毫米波雷达套件用于数字示波器的参数测量 4. 用户手册用于查阅相关参数 5. 无纺布、绝缘垫、工作手套用于设备及人身安全防护
任务3 CAN总线分析仪的使用	智能网联教学车、毫米波雷达套件、CAN总线分析仪、用户手册、无纺布、绝缘垫、工作手套等	1. 智能网联教学车用于CAN总线分析仪的参数测量 2. CAN总线分析仪用于测量参数 3. 毫米波雷达套件用于CAN总线分析仪的参数测量 4. 用户手册用于查阅相关参数 5. 无纺布、绝缘垫、工作手套用于设备及人身安全防护

（2）实操预演

1）通过资料链接，熟悉任务流程。

2）通过资料链接，观看数字万用表的使用操作视频。

3）通过资料链接，观看数字示波器的使用操作视频。

4）通过资料链接，观看CAN总线分析仪的使用操作视频。

2. 任务决策

通过对"实操预演"环节的视频学习，并经过分析与讨论后，列出完整的操作步骤。

步骤	任务1 数字万用表的使用	任务2 数字示波器的使用	任务3 CAN总线分析仪的使用
1			
2			
3			
4			
5			
6			
7			
8			
9			
10			
…			

1.5 任务实施

➲ 任务 1 数字万用表的使用

（1）前期准备

根据实际情况在"□"位置上打"√"		
表面有无破损	有 □	无 □
档位标识是否模糊	有 □	无 □
电池是否有电	有 □	无 □
表笔是否损坏	有 □	无 □
档位转换开关是否正常	是 □	否 □

（2）实操演练

实施步骤	标准/图示	操作要点
1 场景设置	实训台架安装完成后，需要对传感器供电进行测试。传感器台架配电源适配器上显示电源输入电压 AC 220V、输出电压为 DC 12V	
2 工具的检查		产品外观完好□ 查看产品配件与装箱清单是否一致□ 查看档位选择开关使用功能是否正常□
3 台架上电		台架电源指示灯是否点亮□

（续）

实施步骤	标准/图示	操作要点
4 表笔的插接	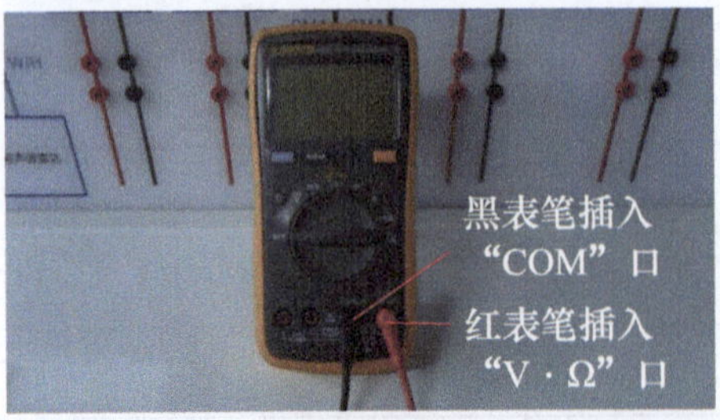 黑表笔插入"COM"口 红表笔插入"V·Ω"口	黑笔表插入"COM"口□ 红表笔插入"V·Ω"口□
5 数字万用表功能检查	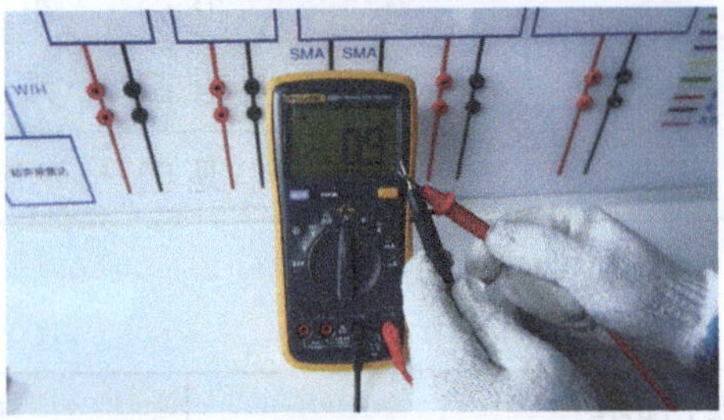	两表笔相互短接是否有蜂鸣声□ 两表笔相互短接，查看LED显示是否接近0□
6 数字万用表交流电压测量		档位拨到"Ṽ"档位□ 红、黑表笔分别接入电源适配器"L、N"□ 测量值稳定后读数□
7 数字万用表直流电压测量		档位拨到"V̄"档位□ 红表笔接直流电源正极，黑表笔接直流电源负极□ 测量值稳定后读数□
8 6S	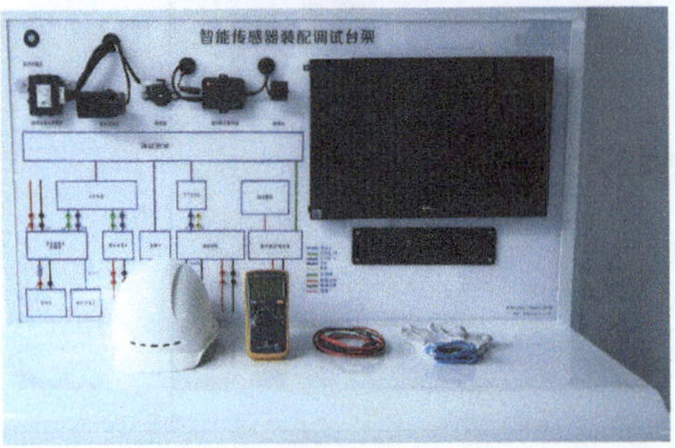	整理工具□ 清理、复原设备□ 场地清洁□

任务 2 数字示波器的使用

（1）前期准备

根据实际情况在"□"位置打"√"		
示波器 LED 屏有无破损	有 □	无 □
示波器按键有无破损 / 缺失	有 □	无 □
示波器按键标识是否模糊	有 □	无 □
示波器档位标识是否模糊	有 □	无 □
探头是否损坏	有 □	无 □
探针是否缺失	有 □	无 □
CH1/CH2 通道接口是否有锈迹	有 □	无 □
标色环是否缺失	有 □	无 □

（2）实操演练

实施步骤	标准 / 图示	操作要点
1 场景设置	在实训车上连接毫米波雷达，连接数据线束和电源线束后正常工作	
2 工具的检查	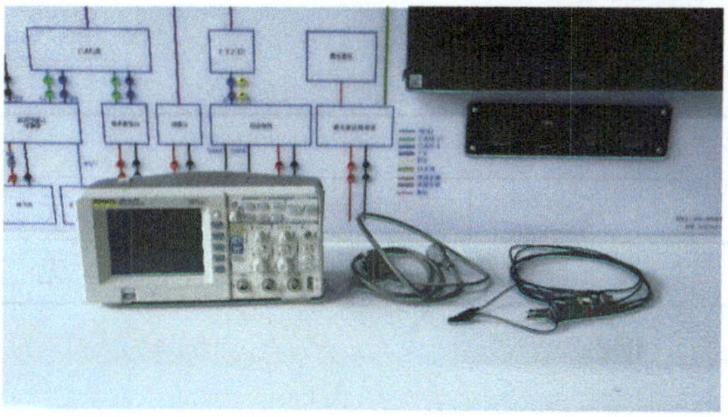	产品外观完好 □ 产品配件与装箱清单的查验 □
3 数字示波器波形校准	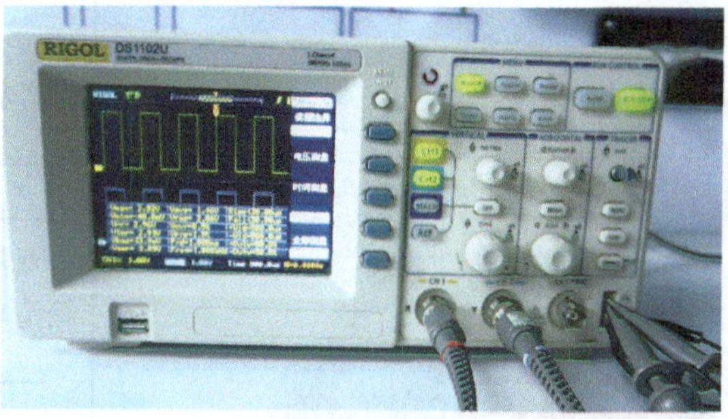	探头分别接入 CH1、CH2 通道 □ CH1、CH2 测试探头挂钩接入校准信号 □ CH1、CH2 黑色夹头接入公共接地端 □ 调整示波器查看是否为方波 □

（续）

实施步骤	标准/图示	操作要点
4 CAN信号测量	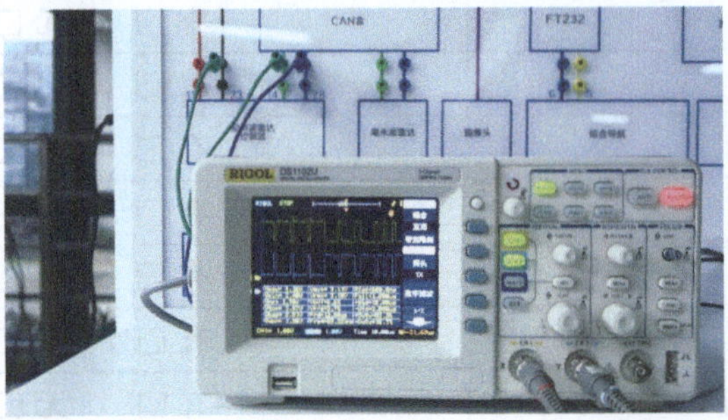	区分CAN_H和CAN_L信号 □ 探针接CAN_H/L线束，探头夹接地 □ 调节X、Y轴参数，记录波形或按Auto键 □
5 6S	—	整理工具 □ 清理、复原设备 □ 场地清洁 □

任务3　CAN总线分析仪的使用

（1）前期准备

根据实际情况在"□"位置上打"√"		
设备表面有无破损	有 □	无 □
数据线有无破损	有 □	无 □

（2）实操演练

实施步骤	标准/图示	操作要点
1 场景设置	实训台架装配传感器前，需要用CAN分析仪对传感器进行品质检测	
2 工具的检查	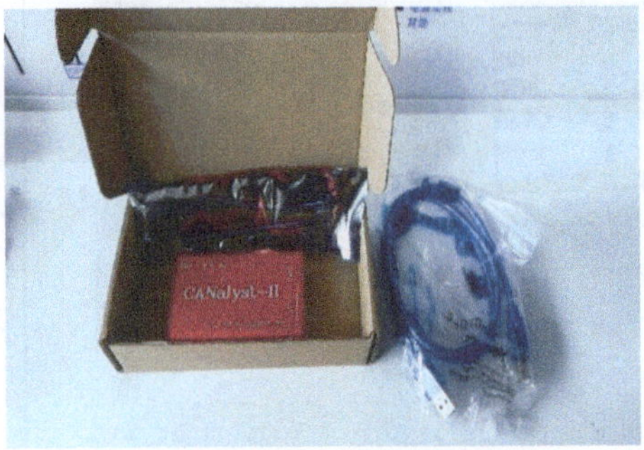	产品外观完好 □ 查看产品配件与装箱清单是否一致 □

（续）

实施步骤	标准/图示	操作要点
3 连接线束	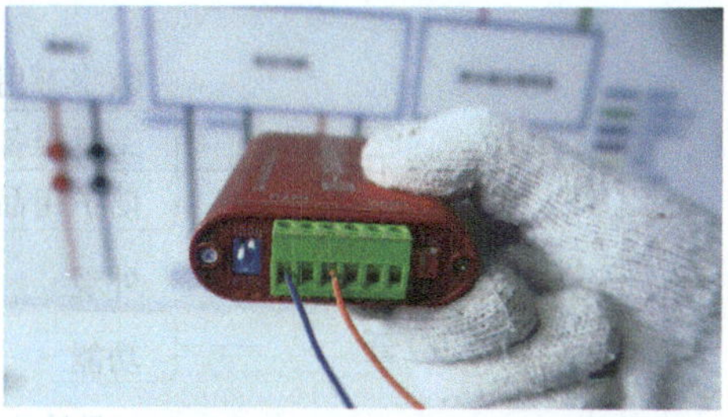	选择 CAN1 通道 □ 正确连接 CAN_H/CAN_L 线束 □
4 设置终端电阻	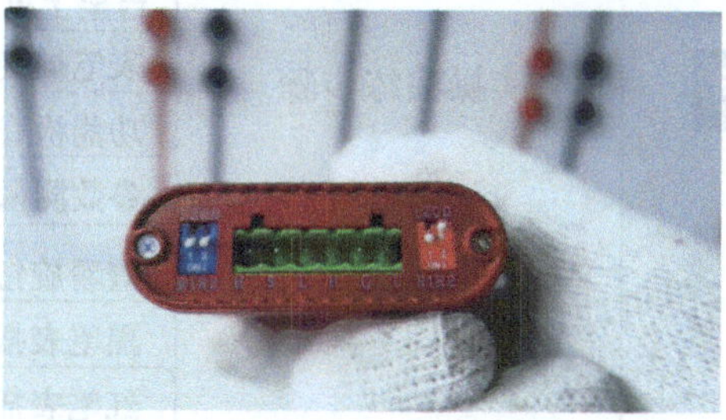	设置终端电阻为 120Ω □
5 测量 CAN 总线 CAN_H/CAN_L 信号	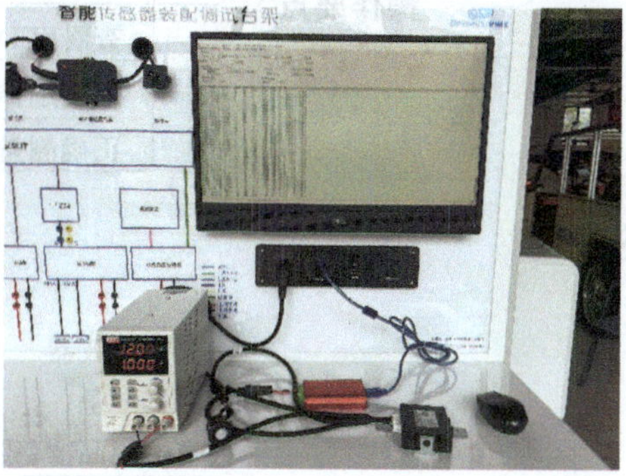	正确并联 CAN_H/CAN_L 线束 □ 记录并区分 CAN_H/CAN_L 信号 □
6 6S	—	整理工具 □ 清理、复原设备 □ 场地清洁 □

1.6 任务检查与评价

1. 任务评价

见附录 A。

2. 任务小结

● 任务1　数字万用表的使用

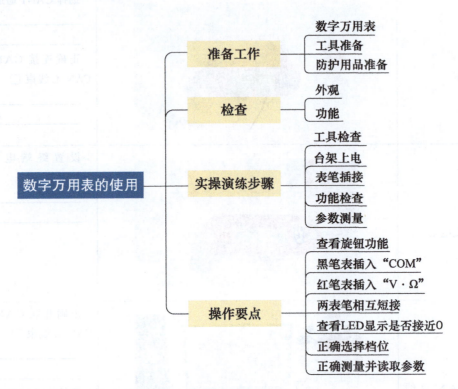

● 任务2　数字示波器的使用

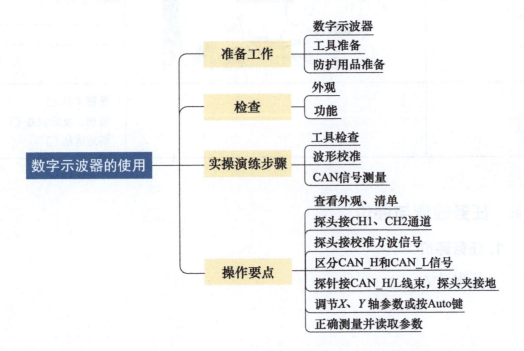

任务 3　CAN 总线分析仪的使用

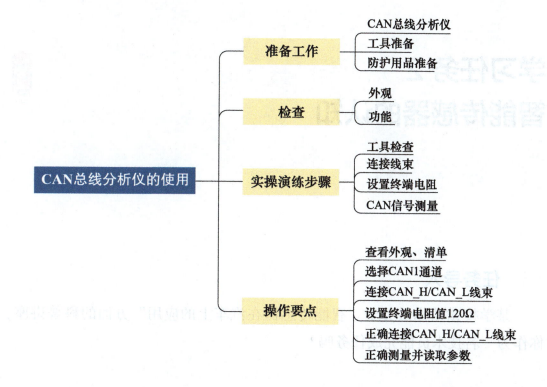

学习任务 2
智能传感器的认知

2.1 任务导入

某学校邀请你做关于"智能传感器在汽车上的应用"方面的科普讲座，你作为一名技术员能完成任务吗？

2.2 任务分析

知识目标	1. 了解智能传感器的概念和特点。 2. 了解智能传感器的应用。 3. 掌握智能传感器系统的组成和功能。
素养目标	1. 能建立独立思考、坚韧执着的科研精神。 2. 能树立创新意识、爱岗敬业的工匠精神。 3. 能树立职业信心、增强科技意识，具有家国情怀的精神。

2.3 任务资讯

1. 智能传感器的概念

智能网联汽车通过搭载智能传感器系统来感知周围的环境，对获得的信息加以处理，通过智能决策和智能控制对智能网联汽车的行驶路线进行规划和控制，从而顺利到达目的地。

智能传感器（Intelligent Sensor）是具有信息处理功能的传感器。智能传感器带有微处理器，具有信息采集、信息处理、信息交换、信息存储的能力，是集成传感器、通信芯片、驱动程序、软件算法等与微处理器相结合的产物。与传统传感器相比，智能传感器具有对外界环境等信息进行自动收集、数据处理、逻辑判断、功能计算以及自诊断、自校准、自补偿与自适应的能力，拥有更高的精度、更好的稳定性与更强的环境适应能力。

2. 智能传感器的特点

智能传感器是一个以微处理器为内核并扩展了外围部件的微计算机检测系统。相比一般传感器，智能传感器有如下特点：

（1）高精度　智能传感器具有信息处理功能，通过软件不仅可以修正各种确定性系统误差（如传感器输入输出的非线性误差、幅度误差、零点误差、正反行程误差等），还可以适当地补偿随机误差、降低噪声，大大提高了传感器精度。

（2）高可靠性　集成传感器系统小型化，消除了传统结构的某些不可靠因素，改善了整个系统的抗干扰性能；同时它还有诊断、校准和数据存储功能（对于智能结构系统还有自适应功能），具有良好的稳定性。

（3）多功能化　智能传感器可以实现多传感器多参数综合测量，能通过编程扩大其测量与使用范围；有一定的自适应能力，能根据检测对象或条件的改变相应地改变量程与输出数据的形式；具有数字通信接口功能，能直接送入远程计算机进行处理；具有多种数据输出形式（如 RS232 串行输出、PIO 并行输出、IEE-488 总线输出以及经 D/A 转换后的模拟量输出等），可适配各种应用系统。

（4）高性价比　在相同精度的需求下，多功能智能传感器与单一功能的普通传感器相比，性能价格比明显提高，尤其是在采用单片机后更为明显。

3. 智能传感器在智能网联汽车上的应用

环境感知信息与网联信息的接入能够使智能网联汽车同时具备环境感知与网联信息获取能力，从而实现高级辅助驾驶和自动驾驶。因此，环境感知层需要通过车载环境感知技术、高精定位技术、4G/5G 及 V2X 无线通信技术等,让车辆能够对自身状况与外界的道路状况、车辆状况、行人状况等进行动、静态的信息读取与收集等。智能传感器在智能网联汽车上的应用主要有以下几个方面:

(1)目标探测及识别 目标探测及识别主要是探测周围的障碍物,如车辆、行人及路肩等。智能网联汽车常搭载激光雷达、毫米波雷达及超声波雷达等。激光雷达的特点是精度高、范围广,但成本较高。毫米波雷达成本较低,探测距离较远,已经被无人驾驶汽车广泛运用,但是它与激光雷

图2-1 目标探测及识别

达相比较,精度较低,可视角度也较小。超声波雷达探测距离较近,精度低,一般常用于低速下的碰撞预警,如图2-1所示。

(2)图像识别 图像识别主要是用视觉传感器来识别车道线、交通信号灯、行人及车辆等。常用的视觉传感器有单目、双目以及红外视觉传感器。视觉传感器的成本较低,但是容易受到外界环境因素影响。因此,通过人工智能技术对于图像进行识别是非常重要的,同时也是目前研究的热点,如图2-2所示。

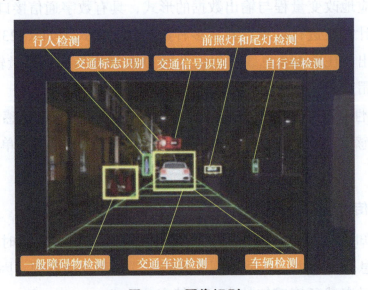

图2-2 图像识别

（3）定位导航　定位导航主要用于智能网联汽车行驶过程中的高精度定位以及位姿感知，如获得经纬坐标、速度及行驶角度等。我国目前常用的高精度定位方法是通过差分定位设备来实现的，如实时动态-全球定位系统（RTK-GPS），但是该方法应用的距离有限制，同时还容易受到建筑物的影响。近几年，我国部分省市已经建立了固定差分基站系统，为智能网联汽车的行驶提供了强有力的安全保障，如图 2-3 所示。

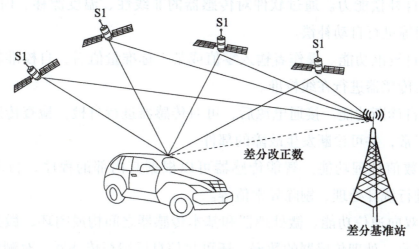

图 2-3　定位导航

4. 智能网联汽车智能传感器系统的组成

（1）智能传感器的组成　智能传感器是将敏感元件及信号处理器组合为单一集成电路的器件，其组成如图 2-4 所示。传感器将被测对象转换成相应的电信号，经 A/D 转换后送到微处理器。微处理器是智能传感器的核心，它不但可以对传感器的测量数据进行计算、存储、数据处理，还可以通

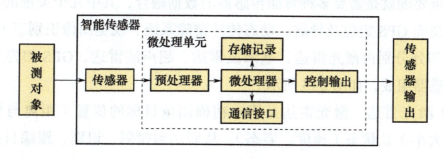

图 2-4　智能传感器的组成

过反馈回路对传感器进行调节,完成硬件难以完成的任务,从而大大降低了传感器制造的难度,提高了传感器的性能。

(2)智能传感器的功能　智能传感器是由传统的传感器和微处理器(或微计算机)相结合而构成的,它充分利用计算机的计算和存储能力,对传感器的数据进行处理,并能对它的内部行为进行调节来采集数据。智能传感器的功能有:

1)自补偿能力。通过软件对传感器的非线性、温度漂移、时间漂移、响应时间等进行自动补偿。

2)自校准功能。操作者输入零值或某一标准量值后,自校准软件可以自动地对传感器进行在线校准。

3)自诊断功能。接通电源后,可对传感器进行自检,检查传感器各部分是否正常,并可诊断发生故障的部件。

4)数值处理功能。智能传感器可以根据其内部的程序,自动处理数据,如进行统计处理、剔除异常值等。

5)双向通信功能。微处理器和基本传感器之间构成闭环,微处理器不但可以接收、处理传感器的数据,还可将信息反馈至传感器,对测量过程进行调节和控制。

6)信息存储和记忆功能。

7)数字量输出功能。输出数字信号,可方便地与计算机或接口总线相连。

(3)智能网联汽车智能传感器系统的组成　智能网联汽车融合了认知科学、人工智能、机器人技术与车辆工程等多学科的技术。要实现汽车智能化,最重要的就是需要多种智能传感器的数据融合,其中几个关键的技术模块包括精确 GPS 定位及导航、动态传感避障系统、视觉图像识别三大部分。这三大部分分别由激光雷达、毫米波雷达、超声波雷达、GPS 惯性导航和视觉传感器组成,如图 2-5 所示。

1)激光雷达。激光雷达是用来精确测量目标的位置(距离与角度)、形状(大小)及状态(速度、姿态),从而达到探测、识别、跟踪目标的传感器。

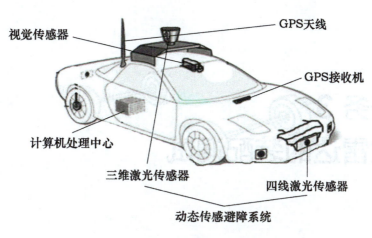

图 2-5　智能网联汽车智能传感器系统的组成

2）毫米波雷达。毫米波雷达是用来测量被测物体相对距离、相对速度、方位的高精度传感器。

3）超声波雷达。超声波雷达是用来测量近距离和侧方障碍物距离的传感器。

4）GPS 惯性导航。GPS 惯性导航利用差分 GPS 技术实现智能网联汽车的精确定位和导航。

5）视觉传感器。视觉传感器可以用来获取环境信息并建立模型，从而实现交通标志识别、车道线的检测与识别、车辆检测、道路路沿的检测、障碍物检测、行人检测等功能。

资讯小结

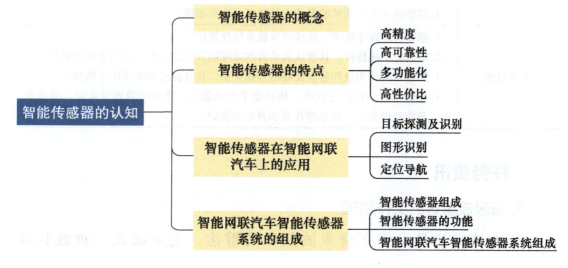

学习任务 3
毫米波雷达的装配调试

3.1 任务导入

车厂技术人员通过检查车辆发现其前向毫米波雷达损坏,需要拆卸毫米波雷达进行维修检测。作为一名初级技术员,应如何完成毫米波雷达拆卸和安装?

3.2 任务分析

知识目标	1. 了解毫米波雷达的工作原理、结构及特点。 2. 熟悉毫米波雷达测速、测距的原理及分类。 3. 熟悉毫米波雷达的技术参数。
技能目标	1. 能够熟练使用毫米波雷达安装时所需的工具。 2. 能够熟练使用 CAN 通信仪进行毫米波雷达的品质检测。 3. 能够独立完成毫米波雷达安装并牢记注意事项。
素养目标	1. 能够自觉遵守法律、法规以及技术标准规定。 2. 能弘扬工匠精神,具有认真负责的态度以及持之以恒、精益求精的精神。 3. 能够与同学和教师建立良好的合作关系,具有良好的团队协作精神。 4. 能够在实际操作过程中,培养动手实践能力,重视培养质量意识、安全意识、节能环保意识、规范操作意识及创新意识。

3.3 任务资讯

1. 毫米波雷达的工作原理

毫米波雷达是工作在毫米波频段的雷达,毫米波是一种波长在

1~10mm 之内的电磁波,对应的频率范围为 30~300GHz。它通过发射与接收高频电磁波来探测目标,后端信号处理模块利用回波信号计算出目标的距离、速度和角度等信息,如图 3-1 所示。

2. 毫米波雷达的结构

图 3-1 毫米波雷达

毫米波雷达主要由天线、射频组件、信号处理模块以及控制电路等构成。其中天线和射频组件是最核心的硬件部分,如图 3-2 所示。

图 3-2 毫米波雷达的结构

毫米波雷达结构主要由后盖、密封胶圈、散热片、集成电路板(PCBA)、前盖及插头组成,如图 3-3 和图 3-4 所示。

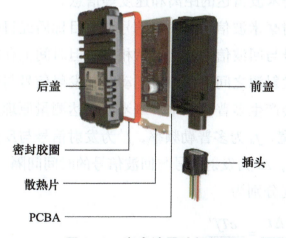

图 3-3 毫米波雷达拆解图

图 3-4 ESRR 角雷达(短距)

3. 毫米波雷达特点

毫米波雷达是唯一具备"全天候、全天时"工作能力的车载传感器，是智能网联汽车不可或缺的核心传感器之一。

（1）毫米波雷达的优点

1）响应速度快。毫米波雷达信号的传播速度与光速一样，并且其调制简单，配合高速信号处理系统，可以快速地测量出目标的角度、距离、速度等信息。

2）探测距离远。毫米波雷达探测距离远，最远可达 250m 左右。

3）适应能力强。毫米波雷达具有很强的穿透能力，在雨、雪、大雾等恶劣天气依然可以正常工作，而且不受颜色与温度的影响。

（2）毫米波雷达的缺点

1）虚假报警。毫米波雷达是利用目标对电磁波的反射来发现并测定目标位置，而充满杂波的外部环境经常给毫米波雷达感知带来虚警问题。

2）覆盖区域呈扇形，有盲点区域。

3）无法识别交通标志和交通信号灯。

4）无法识别道路标线。

4. 毫米波雷达测速、测距原理

毫米波雷达是利用多普勒效应测量得出目标的距离和速度，它通过发射源向给定目标发射毫米波信号，并分析发射信号频率和反射信号频率之间的差值，精确测量出目标相对于毫米波雷达的距离和速度等信息。

毫米波雷达通过发射模块发射毫米波信号，发射信号遇到目标后经目标的反射会产生回波信号，发射信号与回波信号相比形状相同，但时间上存在差值。当目标与毫米波雷达信号发射源之间存在相对运动时，发射信号与回波信号之间除存在时间差外，还会产生多普勒频率。毫米波雷达测量原理如图 3-5 所示，其中，Δf 为调频带宽，f_d 为多普勒频率，f' 为发射信号与反射信号的频率差，T 为信号发射周期，Δt 为发射信号与回波信号的时间间隔。

毫米波雷达测量的距离和速度分别为

$$s = \frac{c \Delta t}{2} = \frac{cTf'}{4\Delta f}$$

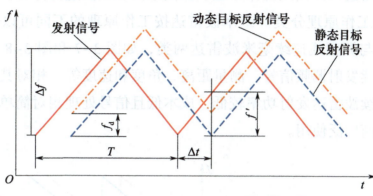

图 3-5 毫米波雷达测量原理

式中，s 为相对距离；u 为相对速度；c 为光速；f_0 为发射信号的中心频率。

通过毫米波雷达的发射天线发射出毫米波信号后，遇到被监测目标反射回来，通过毫米波雷达并列的接收天线收到同一监测目标反射信号的相位差就可以计算出被监测目标的方位角。方位角测量原理如图 3-6 所示。毫米波雷达发射天线 TX 向目标发射毫米波，两个接收天线 RX1 和 RX2 接收目标反射信号。通过毫米波雷达接收天线 RX1 和接收天线 RX2 之间的几何距离 d，以及两根毫米波雷达天线所收到反射回波的相位差 b，进行三角函数计算即可得到被监测目标的方位角 α_{AZ}。

$$\alpha_{AZ} = \arcsin\left(\frac{\lambda b}{2\pi d}\right)$$

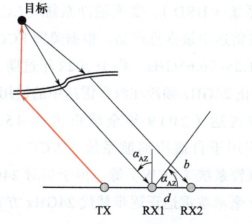

图 3-6 利用毫米波雷达测量目标方位角

5. 毫米波雷达的分类

毫米波雷达可以按照工作原理、探测距离和频段进行分类。

（1）按工作原理分类　毫米波雷达按工作原理的不同可以分为脉冲式毫米波雷达与调频式连续毫米波雷达两类，如图3-7和图3-8所示。调频连续波是连续发射调频信号，测量距离、角度和速度等。相对其他电磁波雷达，调频连续波雷达发射功率较低、成本低且信号处理相对简单，因此被毫米波雷达厂商广泛使用。

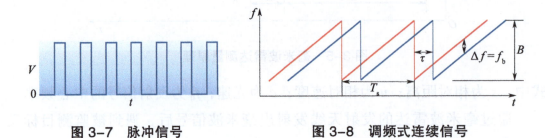

图3-7　脉冲信号　　　　　　图3-8　调频式连续信号

（2）按探测距离分类　毫米波雷达按探测距离可分为短程毫米波雷达（SRR）、中程毫米波雷达和远程毫米波雷达，相关技术指标见表3-1。

（3）按频段分类　毫米波雷达按采用的毫米波频段不同，分为24GHz、60GHz、77GHz和79GHz毫米波雷达。其中，24GHz毫米波雷达主要用于短距离（60m以内）；77GHz毫米波雷达主要用于远距离（150~250m）；79GHz毫米波雷达通常用于中短距离。

24GHz毫米波雷达（2019年全球市占率54.35%）：探测距离60m，主要应用于盲点监测系统（BSD）、变道辅助系统（LCA）、泊车辅助系统（PA），目前为毫米波雷达中最常见产品。根据美国FCC和欧洲ETSI规划，24GHz的宽频段（21.65~26.65GHz）将于2022年过期，欧洲和美国都已经宣布将逐步限制和停止24GHz频段在汽车雷达中的使用。

77GHz毫米波雷达（2019年全球市占率45.52%）：探测距离100~250m，主要应用于自适应巡航系统（ACC）、自动紧急制动系统（AEB）、前向碰撞预警系统（FCW）等。由于相对24GHz产品体积更小、识别率更高，77GHz毫米波雷达正逐步替代24GHz方案成为主流产品，其主要指标见表3-2。

79GHz 毫米波雷达（2019 年全球市占率 0.12%）：探测距离可达 200m，具有高探测范围和角度精度，主要应用于盲区警告（BSW）、LCA、前方交叉路口警报（FCTA）等。79GHz 毫米波雷达在分辨率、探测距离等方面可与 77GHz 产品比肩，需求有望不断攀升。

表 3-1 短程、中程和远程毫米波雷达的技术指标

参数	毫米波雷达分类		
	短程毫米波雷达	中程毫米波雷达	远程毫米波雷达
频带 / GHz	24	76 ~ 77	77 ~ 81
带宽 / GHz	4	0.6	0.6
测距范围 / m	0.15 ~ 60	1 ~ 100	10 ~ 250
最大视角 / (°)	±80	±40	±15
测距精度 / m	±0.02	±0.1	±0.1
方位精度 / (°)	±1	±0.1	0.1
测速精度 / (m/s)	0.1	0.1	0.1

表 3-2 77GHz 毫米波雷达的主要指标

序号	参数	指标
1	频段 / GHz	76 ~ 77
2	测距范围 / m	1 ~ 250
3	方位角最大覆盖 / (°)	45
4	俯仰角覆盖 / (°)	±5
5	速度范围 / (km/h)	最大 180
6	测距精度 / m	0.3
7	速度精度 / (m/s)	0.25
8	最大目标数量 / 个	超过 32
9	扫描周期 / ms	< 50
10	主要应用	FCW 逐步到 ACC、AEB

6. 毫米波雷达的技术参数

毫米波雷达的技术参数主要有最大探测距离、距离分辨率、距离测量精度、最大探测速度、速度分辨率、速度测量精度、视场角、角度分辨率和角度测量精度、角度灵敏度等。

（1）最大探测距离　最大探测距离是指毫米波雷达所能检测目标的最大距离，不同的毫米波雷达，最大探测距离是不同的。

（2）距离分辨率　距离分辨率表示在距离上分辨两个目标的能力。

（3）距离测量精度　距离测量精度表示测量单目标的距离测量精度，取决于信噪比。

（4）最大探测速度　最大探测速度是指毫米波雷达能够探测目标的最大速度。

（5）速度分辨率　速度分辨率表示在速度维区分两个同一位置的目标的能力。

（6）速度测量精度　速度测量精度表示测量单目标的速度测量精度，取决于信噪比。

（7）视场角　视场角分为水平视场角和垂直视场角，是指毫米波雷达能够探测的角度范围。

（8）角度分辨率　角度分辨率表示在角度维分离相同距离、速度目标的能力。雷达的角度分辨率一般较低，在实际情况下，由于距离、速度分辨率较高，因此目标一般可以在距离和速度维区分开。

（9）角度测量精度　角度测量精度表示测量单目标的角度测量精度。

（10）角度灵敏度　单目标的角度变化时，可探测的最小绝对变化角度值。

7. 毫米波雷达主流厂商

按竞争格局来看，全球毫米波雷达市场由国外 Tier 1 供应商主导。据 OFweek 统计，2018 年博世、大陆、海拉、富士通天、电装为全球前五的厂商，合计占据 68% 的份额；国内主要包括华域汽车、德赛西威、行易道、森思泰克和安智杰等（表 3-3）。

表 3-3　国内毫米波雷达主要厂商产品线对比

序号	公司	频段 / GHz	产品进展
1	华域汽车	24、77	24GHz 和 77GHz 均实现量产
2	德赛西威	24、77	24GHZ 已搭载小鹏、奇瑞等车型，77GHz 获得自主品牌订单
3	行易道	77、79	与韩国 ERAE 合作，获得 77GHz 中程和 77GHz 短程毫米波雷达订单
4	森思泰克	24、77、79	77GHz 毫米波雷达产品搭载在一汽红旗 HS5 上
5	安智杰	24、77	77GHz 毫米波雷达标配东风柳汽商用车，已大规模量产

近些年，国内涌现大批毫米波雷达初创企业和相关上市企业，就产品指标而言，国产毫米波雷达与竞品相比无太大差别，均满足车规级要求，但在信噪比、探测精度、良品率等方面仍有一定差异，长期来看存在较大进口替代空间。

8. 毫米波雷达发展趋势

2022 年国际消费电子产品展览会展（CES）上，恩智浦与国内毫米波雷达合作伙伴为升科（CubTEK）携手首发亮相了 4D 成像雷达，能够提供类似图像的感知能力和小于 0.1° 的角度分辨率，实现增强 4D 感知功能。相比于传统毫米波雷达，4D 成像雷达通过高分辨率点云来感知汽车周围环境，从而增强环境测绘和场景感知能力。在复杂的城市场景下，可通过这些图像对各种目标进行分类，包括弱势道路使用者和各种道路车辆。

在前装市场，4D 成像雷达刚刚进入量产起步期，包括大陆集团、采埃孚、傲酷、华为等第一批量产定点及交付正在进行中。

按照测算，4D 成像雷达可以很快（1~2 年内）达到目前传统雷达的成本，此外，考虑到软硬件解耦趋势，4D 成像雷达在提供丰富点云数据的基础上，还可实现空中下载技术（OTA）更新，增加更多的功能应用。

资讯小结

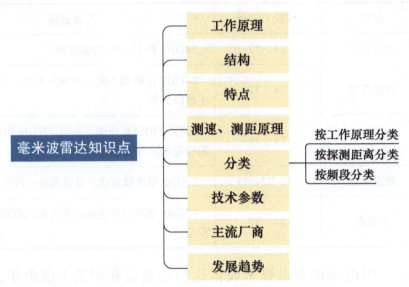

3.4 任务准备

1. 任务计划

（1）工具设备介绍

子任务模块	设备工具	功能备注
任务1 毫米波雷达的品质检测	毫米波雷达、CAN通信分析仪、测试装调通信线、电源适配器、无纺布、安全帽、绝缘垫和工作手套等	CAN通信分析仪通过USB接口快速扩展CAN通道，可接收、发送、分析、记录、回放CAN报文
任务2 毫米波雷达的装配	智能网联教学车、扭力扳手、固定螺栓、无纺布、安全帽、绝缘垫和工作手套等	智能网联教学车是毫米波雷达的载体
任务3 毫米波雷达的联机调试	智能传感器装配调试台架、毫米波雷达上位机软件、角反射器、数字万用表、安全帽、工作手套等	智能传感器装配调试台架是联机调试的载体；毫米波雷达上位机软件用于调试毫米波雷达；角反射器用于测量毫米波雷达的距离

（2）实操预演

1）通过资料链接，熟悉任务流程。

2）通过视频链接，观看毫米波雷达的品质检测。

3）通过视频链接，观看毫米波雷达的装配。

4）通过视频链接，观看毫米波雷达的联机调试。

2. 任务决策

通过对"实操预演"环节的视频学习,并经过分析与讨论后,列出完整的操作步骤。

步骤	任务1 毫米波雷达的品质检测	任务2 毫米波雷达的装配	任务3 毫米波雷达的联机调试
1			
2			
3			
4			
5			
6			
7			
8			
9			

3.5 任务实施

任务1 毫米波雷达的品质检测

(1)前期准备

1)外观识别。毫米波雷达端口接头管脚,如图3-9所示。

雷达端口接头8管脚定义	管脚	符号	颜色	功能
	1	VBAT	红	9~36V 直流电源
	2	GND	黑	地
	3	CAN0 L	黄	保留
	4	CAN0 H	绿	
	5	CAN1 L	蓝	雷达数据接口
	6	CAN1 H	橙	
	7	HSD OUT1	白	高边驱动输出口1
	8	HSD OUT2	褐	高边驱动输出口2

图3-9 毫米波雷达端口接头管脚

ESRR 角雷达（短距）和 EMRR 前向雷达（中距）的 CAN 接口上实现的功能包括：

① 输出原始测量点迹和跟踪后的目标航迹信息。
② 输出雷达运行状态、故障信息。
③ 固件及标定参数刷写。
④ 车身信号接收，如车速、横摆速率等信号。
⑤ 雷达工作参数配置，可以配置各种过滤条件、碰撞区域、报警输出以及雷达工作模式等参数。

2）参数识读。
① EMRR 和 ESRR 的参数识读见表 3-4。

表 3-4 EMRR 和 ESRR 的参数识读

易莱达毫米波雷达	EMRR_HV 参数	ESRR_HV 参数
探测范围（10dBsm 目标）	1～190m@±15°，1～160m@±30° 1～30m@±45°	80m@±60°，30@±75°
距离精度 / m	0.1@10m，0.2@40m 0.2@100（>75%）	0.1
距离多目标分辨率 / m	1.8	0.8
距离范围 / m	0.6～190	0.8～80
速度精度 /（km/h）	0.1	0.1
速度多目标分辨率 /（km/h）	1	1
速度范围 /（km/h）	-280～+140	-280～+140
水平角度精度 /(°)	0.3@±7°，0.45@±11° 0.55@±13°，0.9@±29°	0.5
水平角度多目标分辨率 /(°)	3.6@10m，3.2°@40m（2m 间隔）	9
水平角度范围 /(°)	±60	±75°
垂直角度范围 /(°)	±5	±5
最大目标数	128	128
数据跟新时间 / ms	50	50
电源	9-24V，<2W	9-24V，<2W
工作频率 / GHz	76~77	76~77
收发通道数量 T/R	3/4	2/4

（续）

易莱达毫米波雷达	EMRR_HV 参数	ESRR_HV 参数
检测范围示意图	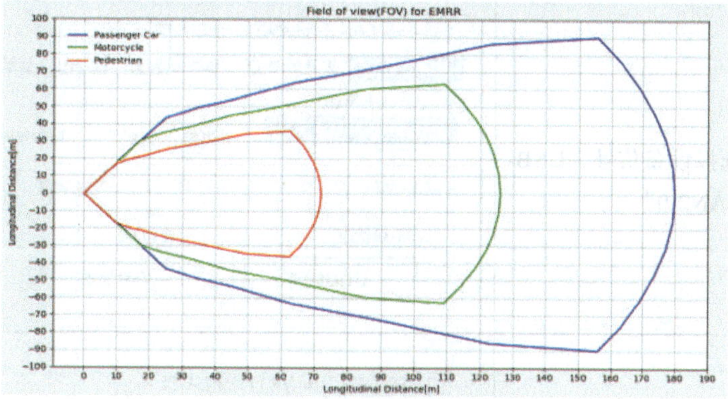 EMRR 检测范围示意图 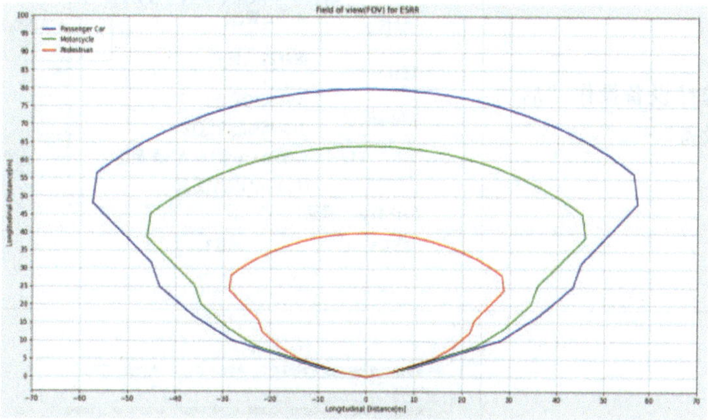	ESRR 检测范围示意图

（2）实操演练

实施步骤	图示	操作要点
1 连接线束	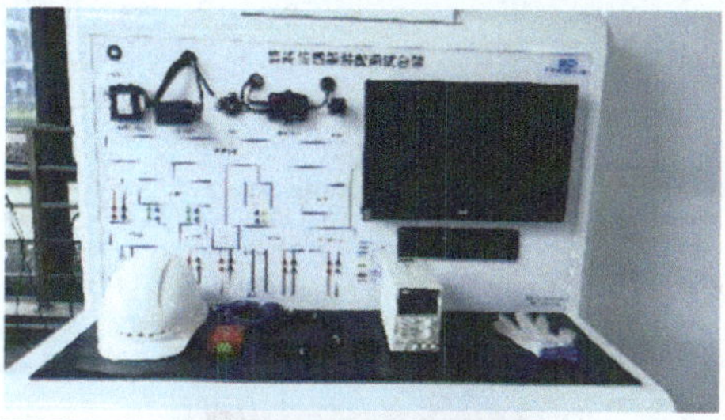	正确可靠地连接线束 □ ———— ————
2 启动计算机，打开"USB_CAN_TOOL"软件		正确启用软件 □ ———— ————

（续）

实施步骤	图示	操作要点
3 选择设备信号"USB-CAN2.0"	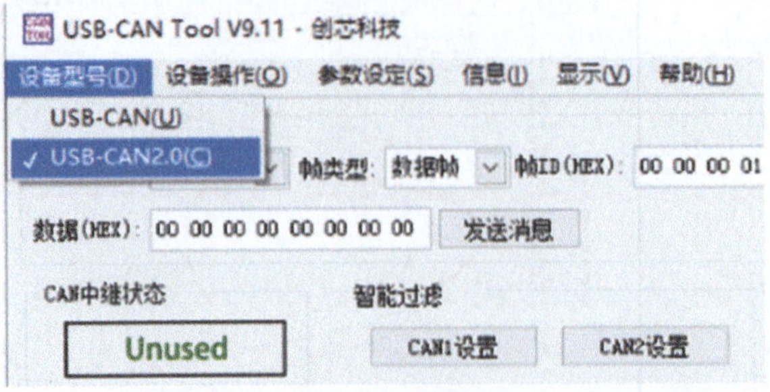	正确选择设备型号 □ _____ _____
4 选择设备操作"启动设备"	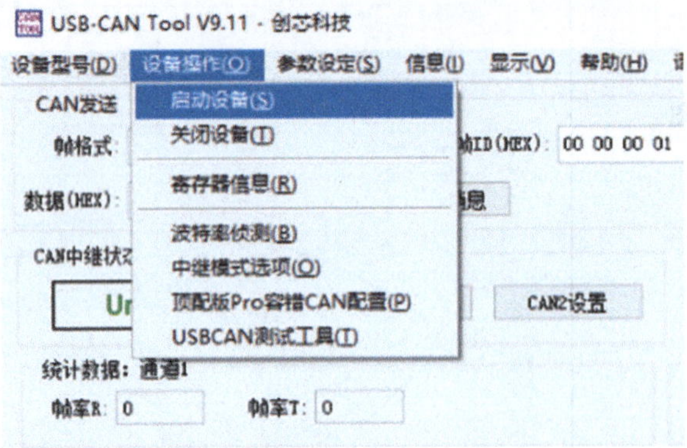	熟练使用软件 □ _____ _____
5 单击确认	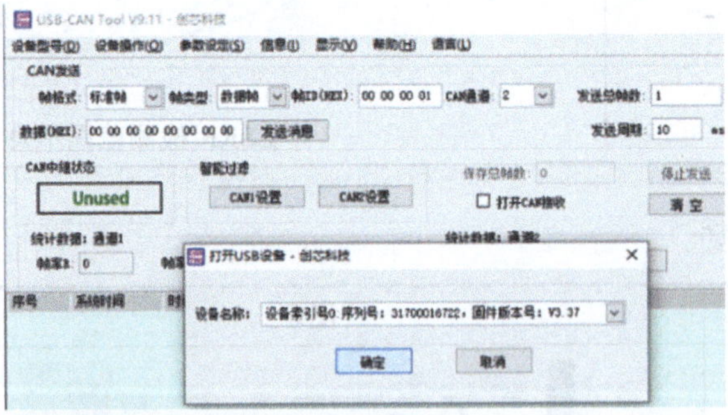	
6 选择"CAN 通道号"	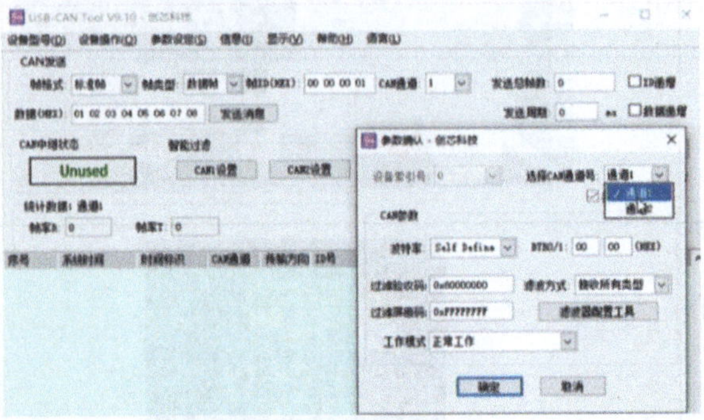	正确选择 CAN 通道号 □ _____ _____

（续）

实施步骤	图示	操作要点
7 选择"波特率"	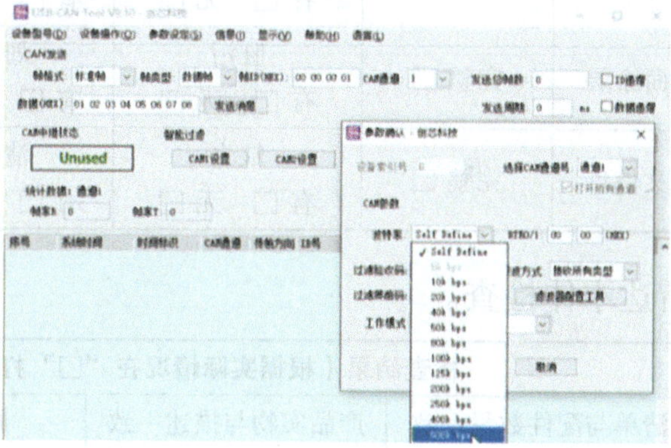	正确选择波特率 □
8 单击确认提示"USB-CAN设备打开成功"	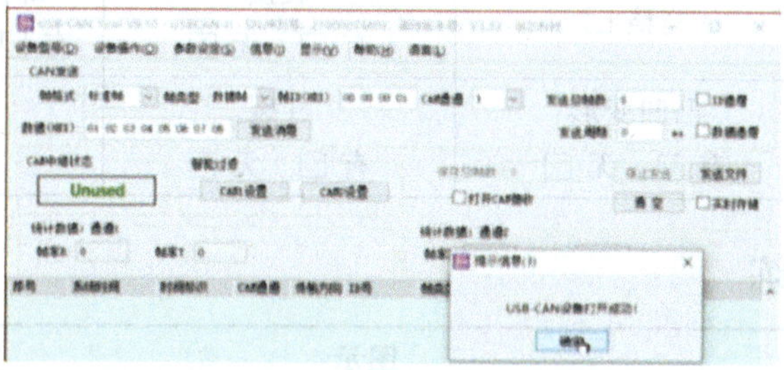	
9 选择"打开CAN接收"，可以查看CAN的接收数据	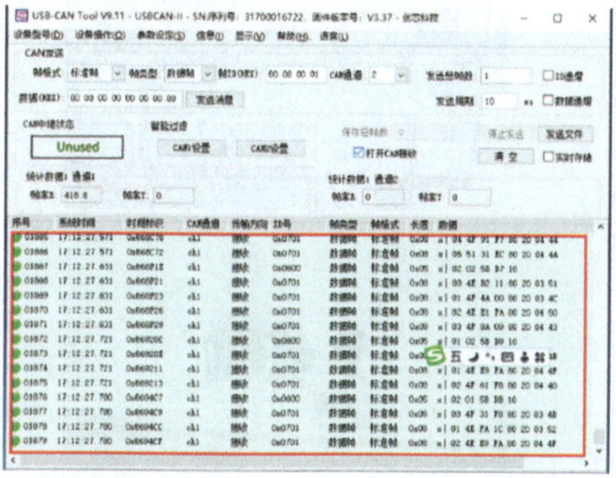	正确查看、分析CAN数据 □

任务2　毫米波雷达的装配

（1）前期准备

1）毫米波雷达外箱检查。

产品编号：		检查结果（根据实际情况在"□"打"√"）				
外形和外观检查	外箱包装	完整 □	变形 有 □ 无 □		损坏 有 □ 无 □	
	外箱表面涂层	完整 □	脏污 有 □ 无 □		划痕 有 □ 无 □	
	外箱图文信息	完整 □	缺失 有 □ 无 □		清晰 有 □ 无 □	不可辨认 有 □ 无 □

2）毫米波雷达本体检查。

产品编号：		检查结果（根据实际情况在"□"打"√"）			
毫米波雷达检查	产品检查	清单与配件数量一致 有 □ 否 □	产品实物与描述一致 有 □ 否 □	缺件 有 □ 无 □	错装 有 □ 无 □
	本体检查	完整 □	破损 有 □ 无 □	部件锈迹 有 □ 无 □	缝隙 有 □ 无 □
		凸凹变形 有 □ 无 □	开裂 有 □ 无 □		

（2）实操演练

实施步骤	图示	操作要点
1 确定前向毫米波雷达安装位置	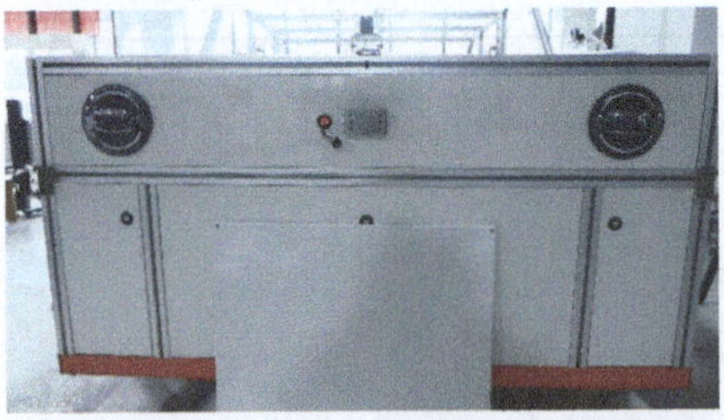	确定毫米波雷达安装位置 □ _____ _____
2 使用扳手将毫米波雷达固定在支架上	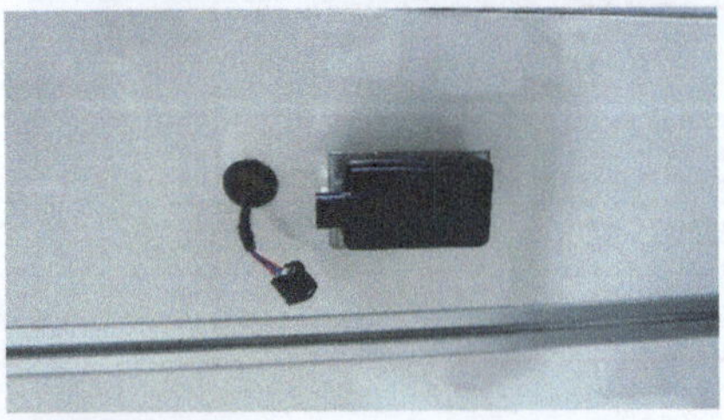	正确固定毫米波雷达 □ _____ _____
3 校正水平位置	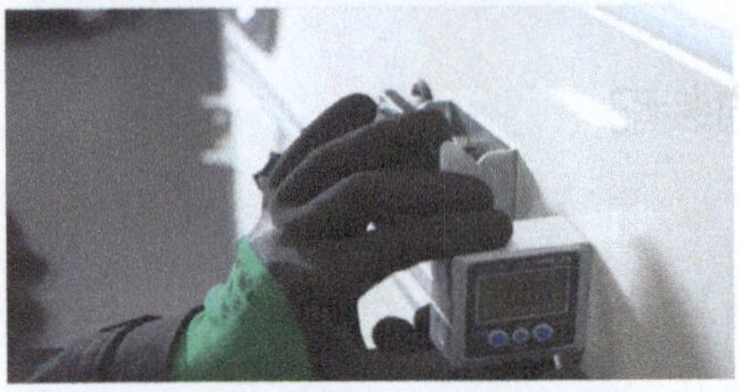	正确校正水平安装位置角度 □ _____ _____

（续）

实施步骤	图示	操作要点
4 调整毫米波雷达俯仰角	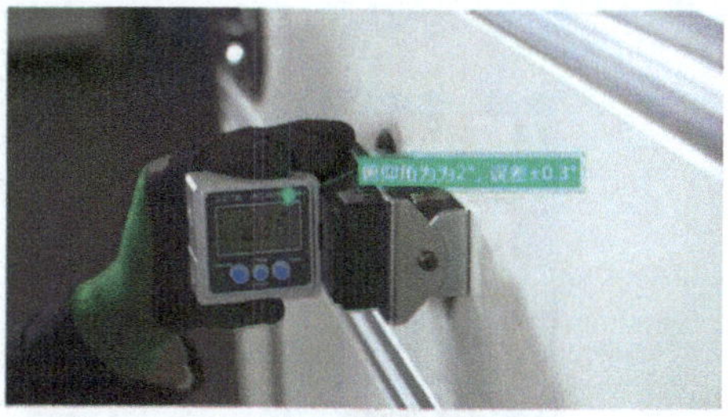	正确调整俯仰安装角度 □ _____ _____
5 固定毫米波雷达	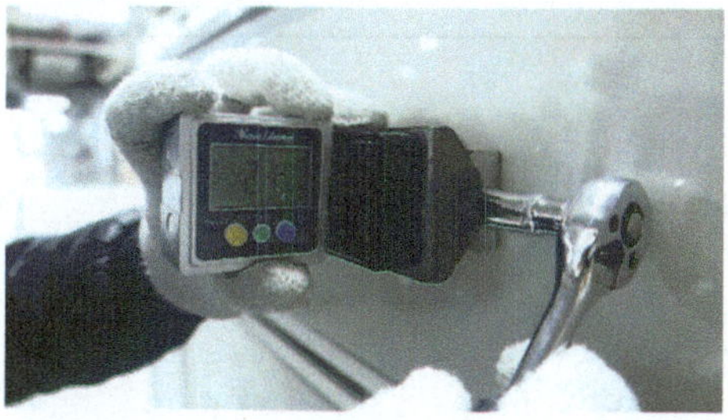	正确固定毫米波雷达 □ _____ _____
6 连接线束		正确连接毫米波雷达线束 □ _____ _____

任务3　毫米波雷达的联机调试

（1）前期准备　毫米波雷达的联机调试工具检查。

根据实际情况在"□"位置上打"√"		
表面有无破损	有 □	无 □
表面有无变形	有 □	无 □
表面有无生锈	有 □	无 □
工具是否齐全	是 □	否 □
工具使用功能是否正常	是 □	否 □

（2）实操演练

实施步骤	图示	操作要点
1 打开毫米波雷达上位机软件		熟练使用毫米波雷达软件 □
2 打开CAN（在上位机软件可以查看毫米波雷达测到的物体）	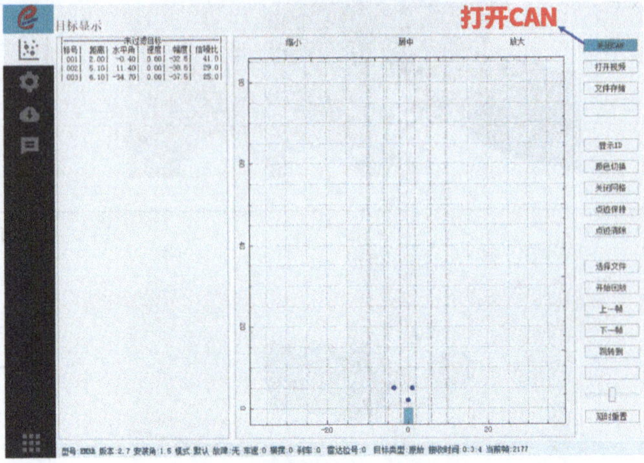	熟练使用毫米波雷达软件 □
3 根据实际情况配置参数	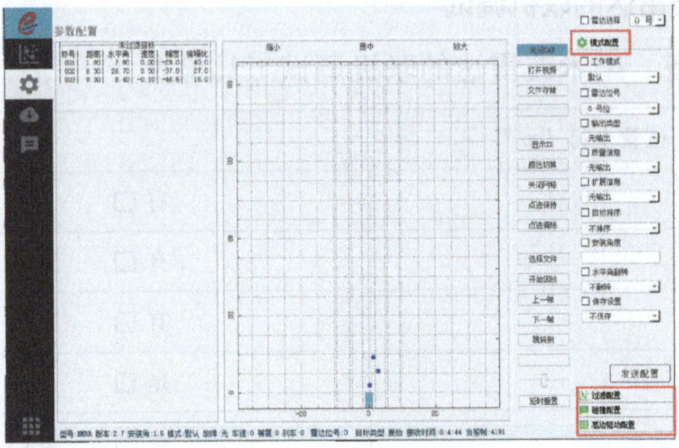	正确配置毫米波雷达软件参数 □

（续）

实施步骤	图示	操作要点
4 参数配置完成后，选择发送配置	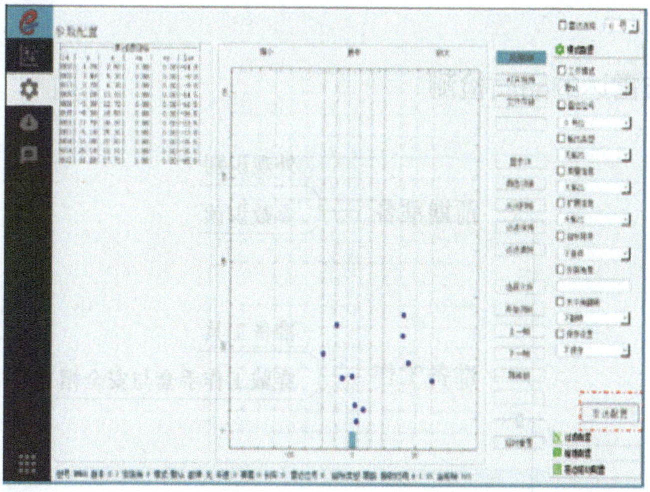	
5 配置完成后，可以查看毫米波雷达的ID、X/Y轴速度、水平高度等	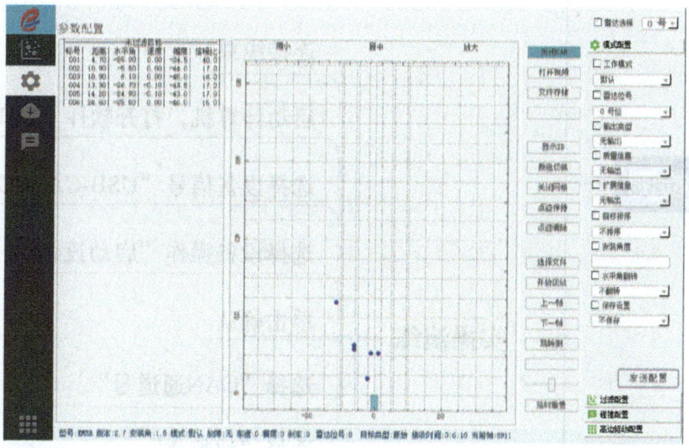	正确查看毫米波雷达数据 □ _____ _____

3.6 任务检查与评价

1. 任务评价

（1）任务 1　毫米波雷达的品质检测

见附录 B。

（2）任务 2　毫米波雷达的装配

见附录 C。

（3）任务 3　毫米波雷达的联机调试

见附录 D。

2. 任务小结

任务 1　毫米波雷达的品质检测

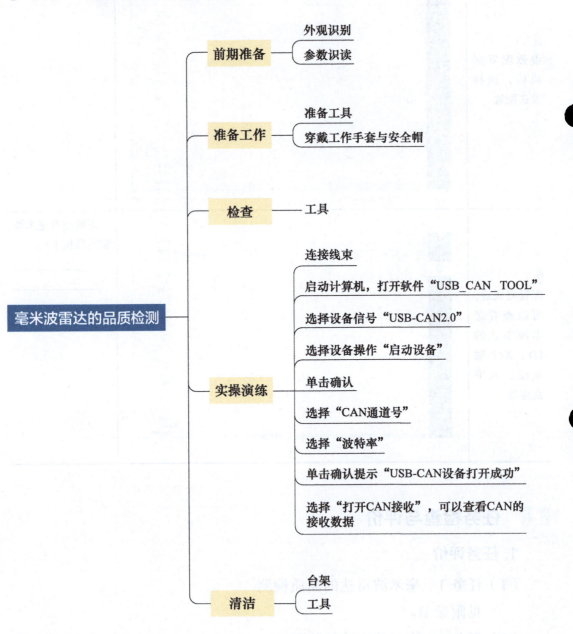

任务 2　毫米波雷达的装配

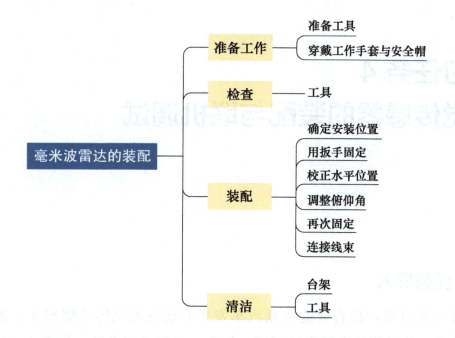

任务 3　毫米波雷达的联机调试

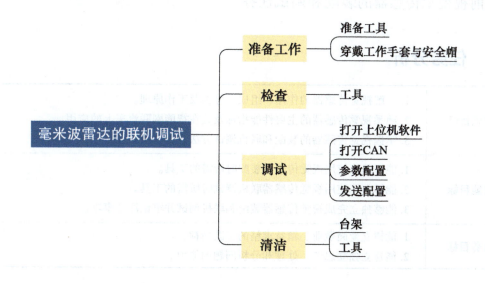

学习任务 4
视觉传感器的装配与联机调试

4.1 任务导入

技术人员通过检查智能网联汽车发现其前视视觉传感器损坏,需要更换新的视觉传感器并进行联机调试。作为一名初级技术员,你需要按照规范完成前视视觉传感器的装配和调试任务。

4.2 任务分析

知识目标	1. 了解视觉传感器的作用、组成、分类及工作原理。 2. 熟悉视觉传感器的主要性能指标及其在智能网联汽车上的应用。 3. 掌握视觉传感器的装配和联机调试方法。
技能目标	1. 能够熟练使用视觉传感器装配时所需的工具。 2. 能够熟练使用视觉传感器联机调试时所需的工具。 3. 能够独立完成视觉传感器装配和联机调试并牢记注意事项。
素养目标	1. 能树立爱岗敬业、精益求精的工匠精神。 2. 能建立独立思考、处理和分析问题的能力。

4.3 任务资讯

1. 视觉传感器的作用

人们通过感官从自然界获取各种信息,其中以人的视觉获取的信息量最多，约占信息总量的 80%。随着信息技术的发展，为计算机、机器人或其他智能机器赋予人类视觉功能，成为科学家们的奋斗目标。目前，机器视觉技术已经实现了产品化和实用化，镜头、高速相机、光源、图像软件、图像采集卡、视觉处理器等相关产品功能日益完善。

视觉传感器是整个机器视觉系统信息的直接来源，主要功能是通过对视觉传感器拍摄到的图像进行图像处理，计算对象物的特征量（面积、重心、长度、位置等），并输出数据和判断结果。某车辆视觉传感器分布如图 4-1 所示。

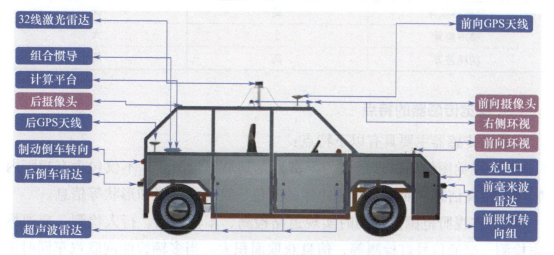

图 4-1　某车辆视觉传感器分布

2. 视觉传感器组成与成像原理

（1）视觉传感器组成　视觉传感器主要由光源、镜头、图像传感器、模/数转换器、图像处理器、图像存储器等组成，如图 4-2 所示。

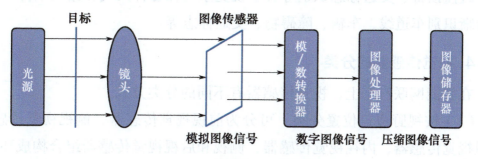

图 4-2　视觉传感器组成

（2）视觉传感器的成像原理　图像传感器是视觉检测的核心部件，其作用是将镜头所成的图像转变为数字或模拟信号输出，主要有 CCD 图像传感器和 CMOS 图像传感器两种。

CCD 图像传感器和 CMOS 图像传感器的对比见表 4-1。

表 4-1　CCD 图像传感器和 CMOS 图像传感器的对比

差异	CCD 图像传感器	CMOS 图像传感器
灵敏度差异	高	低
成本差异	高	低
分辨率差异	高	低
噪声差异	小	大
功耗差异	高	低

3. 视觉传感器的特点

视觉传感器主要具有以下特点：

1）视觉图像的信息量极为丰富，尤其是彩色图像，不仅包含有视野内物体的距离信息，而且还有该物体的颜色、纹理、深度和形状等信息。

2）在视野范围内可同时实现道路检测、车辆检测、行人检测、交通标志检测、交通信号灯检测等，信息获取面积大。当多辆智能网联汽车同时工作时，不会出现相互干扰的现象。

3）视觉信息获取的是实时的场景图像，提供的信息不依赖于先验知识，比如 GPS 导航依赖地图信息，有较强的适应环境的能力。

4）视觉传感器应用广泛。以前视视觉传感器为例，夜视、车道偏离预警、碰撞预警、交通标志识别等要求视觉系统在各种天气和路况条件下，能够清晰识别车道线、车辆、障碍物、交通标志等。

4. 视觉传感器的分类

在智能网联汽车上，视觉传感器有不同的分类方式。

（1）按视野覆盖位置分类　可分为前视视觉传感器、侧视视觉传感器、后视视觉传感器、内视视觉传感器，侧视和后视视觉传感器组合构成环视视觉传感器，如图 3-3 所示。在智能网联汽车上，前视视觉传感器最为关键。

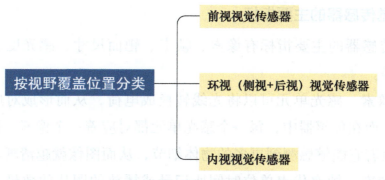

图 4-3 视觉传感器按视野覆盖位置分类

（2）按传感器模块分类 可分为单目视觉传感器、双目视觉传感器、三目视觉传感器、环视视觉传感器，如图 4-4 所示。

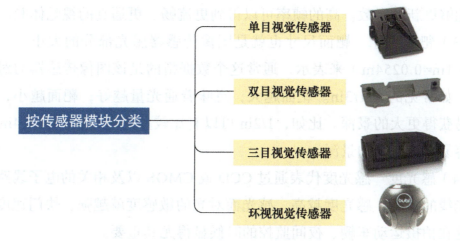

图 4-4 视觉传感器按传感器模块分类

不同类型视觉传感器的对比见表 4-2。

表 4-2 不同类型视觉传感器的对比

分类	优点	缺点
单目视觉传感器	成本和量产难度相对较低	图像识别算法研发壁垒、数据库建立成本较高；定焦镜头难以同时观察不同距离的图像
双目视觉传感器	测距精确	使用多个视觉传感器，成本较高；计算量巨大，对计算芯片要求高，目前大多使用现场可编程门阵列（FPGA）
三目视觉传感器	全覆盖视角	对视觉传感器之间的误差精度要求高，量产、安装较困难
环视视觉传感器	360°环境感知	图像畸变

5. 视觉传感器的主要指标

视觉传感器的主要指标有像素、帧率、靶面尺寸、感光度、信噪比和电子快门等。

（1）像素　感光单元可以将光线转换成电荷，从而形成对应于物体的电子图像。而在传感器中，每一个感光单元都对应着一个像素。因此，像素越多，代表着它能够感测到更多的物体细节，从而图像就越清晰。

（2）帧率　帧率代表单位时间所记录或播放的图片的数量，连续播放一系列图片就会产生动画效果。根据人的视觉系统，当图片的播放速度大于15 幅/s 的时候，人眼就基本看不出来图片的跳跃；在达到 24~30 幅/s 时，人眼就基本觉察不到闪烁现象。每秒的帧数或帧率表示图像传感器在处理时每秒能够更新的次数。高的帧率可以得到更流畅、更逼真的视觉体验。

（3）靶面尺寸　靶面尺寸也就是图像传感器感光部分的大小。一般用英寸（1in=0.0254m）来表示，通常这个数据指的是该图像传感器的对角线长度，如常见的有 1/3in。靶面越大，意味着通光量越好；靶面越小，则比较容易获得更大的景深。比如，1/2in 可以有比较大的通光量，而 1/4in 可以比较容易获得较大的景深。

（4）感光度　感光度代表通过 CCD 或 CMOS 以及相关的电子线路感应入射光线的强弱。感光度越高，感光面对光的敏感度就越强，快门速度就越高，这在拍摄运动车辆、夜间监控的时候显得尤其重要。

（5）信噪比　信噪比指的是信号电压对于噪声电压的比值，单位为 dB。一般摄像机给出的信噪比值均是自动增益控制（AGC）关闭时的值。因为当 AGC 接通时，会对小信号进行提升，使得噪声电平也相应提高。信噪比的典型值为 45~55dB，若为 50dB，则图像有少量噪声，但图像质量良好；若为 60dB，则图像质量优良，不出现噪声。信噪比越大，说明摄像机对噪声的控制越好。

（6）电子快门　电子快门可以用来控制图像传感器的感光时间，由于图像传感器的感光值就是信号电荷的积累，感光越长，信号电荷积累时间也越长，输出信号电流的幅值也越大。电子快门越快，感光度越低，因此适合在强光下拍摄。

6. 视觉传感器在智能网联汽车上的应用

视觉传感器在车辆辅助驾驶或是无人驾驶汽车上的应用，主要是环境感知能力和定位能力。

车载视觉传感器按照其应用场景及场景所要求的布局，大致可分为以下 5 类。

（1）前视视觉传感器的应用　前视视觉传感器在智能网联汽车中的应用最为广泛。如在车道偏离预警系统（LDW）中，当视觉传感器检测到车辆驶向车道线时，会发出报警提示，如图 4-5 所示；在前向碰撞预警系统（FCW）中，通过视觉传感器检测前车与本车的运动状态，当有碰撞的危险时，可向驾驶员发出警告，如图 4-6 所示；在交通标志识别系统（TSR）中，利用前置视觉传感器组合模式识别道路上的交通标志、提示警告或自动调整车辆运行状态，如图 4-7 所示。

图 4-5　车道偏离预警

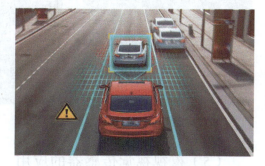

图 4-6　前向碰撞预警

（2）后视视觉传感器的应用　后视视觉传感器广泛应用于交通识别、辅助泊车等场景中，如在盲点监测系统（BSD）中，可以扫除后视镜盲区并通过侧视视觉传感器或雷达将汽车左右后视镜盲区内的影像显示在车内，如图 4-8 所示。

图 4-7　交通标志识别

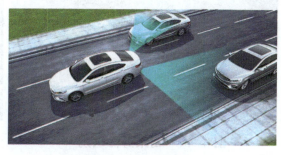

图 4-8　盲点监测

（3）侧视视觉传感器的应用　侧视视觉传感器可用于泊车辅助系统（PA）中，用于采集车辆周围的图像，通过图像处理单元进行处理和增强，最终形成车辆360°全景仰视图，如图4-9所示。

（4）内视视觉传感器的应用　内视视觉传感器可用于驾驶员注意力监控系统（DMS）中，是一种基于驾驶员生理反应特性的驾驶员疲劳监测预警技术，如图4-10所示。通过不断检测驾驶员的驾驶习惯，可以在感觉到驾驶员疲劳驾驶后及时向驾驶员发出警告，提醒驾驶员应适当在安全岛停车休息。内视视觉传感器也可用于驾乘身份识别，主要是一种防盗措施，可以在车辆被盗后阻止车辆起动，或是发生陌生人驾驶车辆时，向车主报告车内的详细信息，如图4-11所示。

图4-9　泊车辅助

图4-10　驾驶员注意力监控

（5）夜视视觉传感器的应用　夜视视觉传感器利用红外线探测原理，在光照条件不足的情况下是一种有效补充。如可用于夜视系统，驾驶员将获得更高的预见能力，它能够针对潜在危险向驾驶员提供更加全面准确的信息或发出早期警告，提高安全性，如图4-12所示。

图4-11　驾乘身份识别

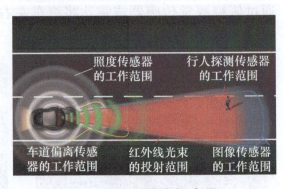

图4-12　红外夜视应用

资讯小结

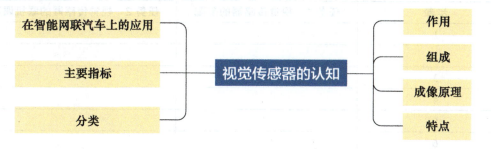

4.4 任务准备

1. 任务计划

（1）工具设备介绍

子任务模块	设备工具	功能备注
任务1 视觉传感器的装配	智能网联教学车、前置视觉传感器、视觉传感器安装支架、扭力扳手、固定螺栓、安全帽、绝缘垫和工作手套等	智能网联教学车是视觉传感器的载体 扭力扳手、固定螺栓是视觉传感器装配工具 安全帽、绝缘垫和工作手套是视觉传感器装配安全防护设备
任务2 视觉传感器的联机调试	智能传感器装配调试台架、视觉传感器上位机软件、数字万用表、安全帽、工作手套等	智能传感器装配调试台架是视觉传感器的载体 视觉传感器上位机软件用于调试视觉传感器 数字万用表用于检测视觉传感器供电线路 安全帽、工作手套等是视觉传感器调试安全防护设备

（2）实操预演

1）通过资料链接，熟悉任务流程。

2）通过视频链接，观看视觉传感器的装配。

3）通过视频链接，观看视觉传感器的联机调试。

2. 任务决策

通过对"实操预演"环节的视频学习，并经过分析与讨论后，列出完整的操作步骤。

步骤	任务1 视觉传感器的装配	任务2 视觉传感器的联机调试
1		
2		
3		
4		
5		
6		
7		
8		
9		

4.5 任务实施

▶ 任务1 视觉传感器的装配

（1）前期准备

1）视觉传感器装配所需工具准备，如图4-13所示。

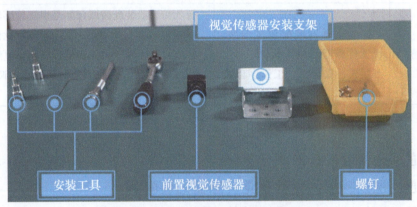

图4-13 视觉传感器装配所需工具

2）视觉传感器装配所需工具检查。

根据实际情况在"□"位置上打"√"		
工具表面有无破损	有 □	无 □
工具表面有无变形	有 □	无 □
工具表面有无生锈	有 □	无 □
工具是否齐全	是 □	否 □
工具使用功能是否正常	是 □	否 □

3）视觉传感器品质检查。

产品编号		检查结果			
外形和外观结构检查	外观结构	完整 □	缺失 有 □　无 □		
	表面涂层	起泡 有 □　否 □	划痕 有 □　无 □	裂纹 有 □　无 □	污物 有 □　无 □
	机械损伤	损伤 有 □　否 □	一般 有 □　否 □	严重 有 □　否 □	
	功能标签	清晰 有 □　否 □	模糊 有 □　否 □		

（2）实操演练

实施步骤	图示	操作要点
1　装配视觉传感器支架		正确安装视觉传感器支架 □ ――――――――
2　装配视觉传感器		正确安装及固定视觉传感器 □ ――――――――
3　视觉传感器布线	后置视觉传感器 　前置视觉传感器 左侧车顶视觉传感器	合理铺设视觉传感器线束 □ ――――――――
4　安装视觉传感器线束插头	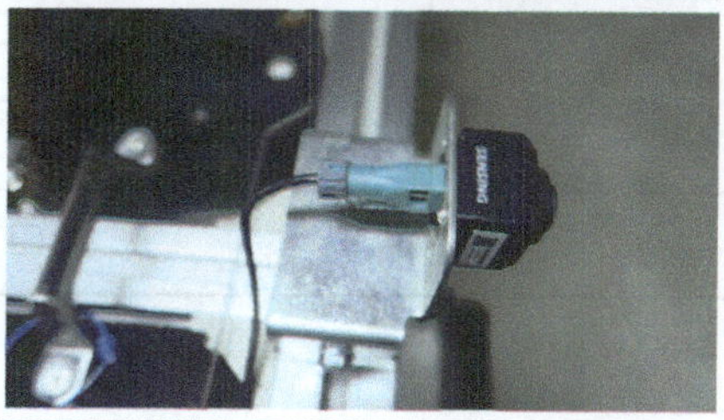	正确连接视觉传感器线束接头 □ ――――――――

（续）

实施步骤	图示	操作要点
5 连接计算平台		正确连接计算平台线束□ _____ _____

任务2 视觉传感器的联机调试

（1）前期准备

1）视觉传感器安装位置示意图，如图4-14所示。

图4-14 视觉传感器安装位置示意图

戴好工作手套和安全帽，将工具摆放在绝缘垫上，并进行调试前作业。

2）视觉传感器的联机调试工具检查。

根据实际情况在"□"位置上打"√"		
表面有无破损	有 □	无 □
表面有无变形	有 □	无 □
表面有无生锈	有 □	无 □
工具是否齐全	是 □	否 □
工具使用功能是否正常	是 □	否 □

（2）实操演练

实施步骤	图示	操作要点
1 打开视觉传感器上位机软件		熟练使用视觉传感器软件 □
2 选择设备	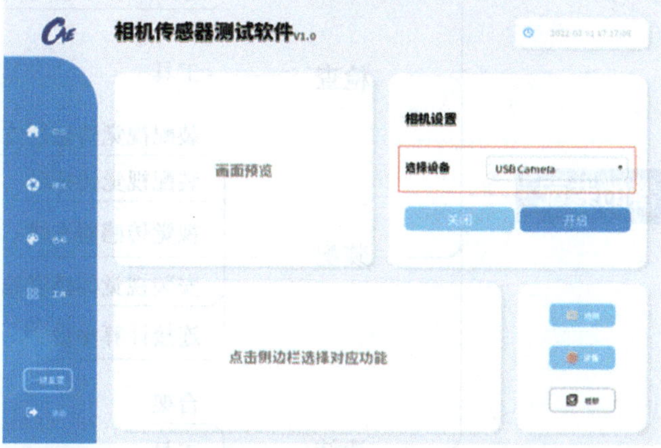	正确选择硬件设备 □
3 打开标尺和设备信息	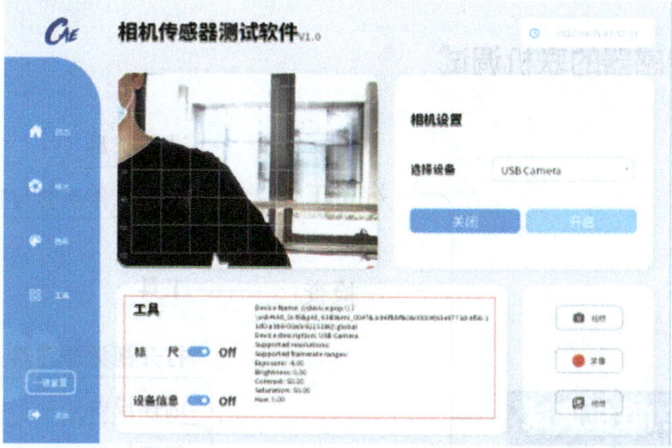	正确设置软件参数 □

4.6 任务检查与评价

1. 任务评价

（1）任务1　视觉传感器的装配

见附录 E。

（2）任务 2　视觉传感器的联机调试

见附录 F。

2. 任务小结

◆ 任务 1　视觉传感器的装配

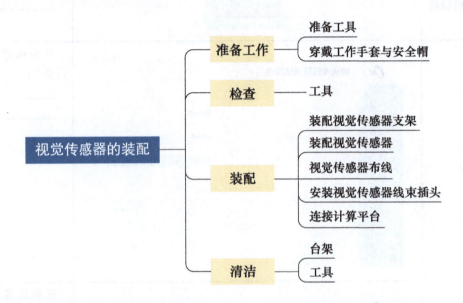

◆ 任务 2　视觉传感器的联机调试

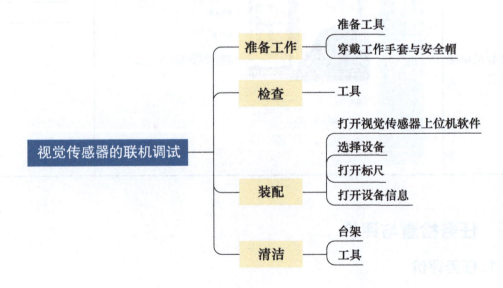

学习任务 5
激光雷达的装配调试

5.1 任务导入

车厂技术人员通过检查车辆发现其激光雷达传感器损坏,需要拆卸激光雷达进行维修检测。作为一名初级技术员,应如何完成激光雷达传感器的拆卸安装?

5.2 任务分析

知识目标	1. 认知激光雷达的工作原理、结构及特点。 2. 熟悉激光雷达测速、测距的原理及分类。 3. 熟悉激光雷达的技术参数。
技能目标	1. 能够熟练使用激光雷达安装时所需的工具。 2. 能够熟练使用工具和仪器进行激光雷达的品质检测。 3. 能够独立完成激光雷达安装并牢记注意事项。
素养目标	1. 能建立独立思考、处理和分析问题的能力。 2. 能树立持之以恒、精益求精的工作精神。 3. 能具有灵活思维、协同创新的精神。

5.3 任务资讯

1. 激光雷达的概念

激光雷达(Light Laser Detection and Ranging,LiDAR)以激光束为信

息载体，利用相位、振幅、频率等来搭载信息，并将辐射源频率提高到光频段，能够探测极微小的目标。激光雷达是一种采用非接触激光测距技术的扫描式传感器，是一种主动传感器，通过发射激光光束来探测目标，并通过搜集反射回来的光束来形成点云和获取数据，数据经光电处理后可生成精确的三维立体图像，如图5-1所示。

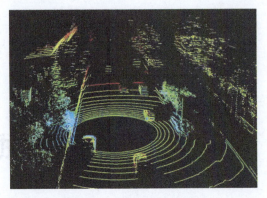

图 5-1 三维立体图像

激光雷达的应用涉及多个学科领域，融合了传统雷达和现代激光的优点。由于激光雷达的分辨率和灵敏度高、抗观测背景的干扰性强，能够实现全天时观测，可以广泛应用在环境监测、地形测绘、高空探测、军事应用、民用汽车等领域。激光雷达方向性强、相干性高、单色性强，在气象领域发展迅速，可以用来侦测气溶胶、空中云雾、海洋和平流层风场、温室气体等。

2. 激光雷达的结构

机械激光雷达主要由激光发射器、激光接收器、信号处理单元和旋转机构这四大核心组件构成，如图5-2所示。

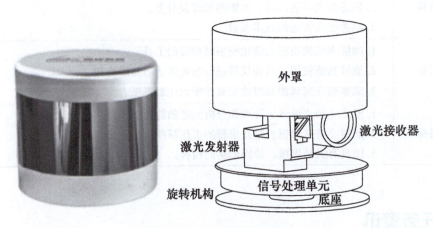

图 5-2 激光雷达结构

（1）激光发射器　激光发射器是激光雷达中的激光发射机构。

（2）激光接收器　激光照射到障碍物以后通过障碍物的反射，光线会经由镜头组汇聚到接收器上。

（3）信号处理单元　信号处理单元负责控制激光器的发射、信号处理，计算目标物体的距离等信息。

（4）旋转机构　将核心部件以稳定的转速旋转起来，实现对所在平面扫描，并产生实时平面图信息。

3. 激光雷达测量原理

激光雷达以激光作为信号源，由激光器发射出的脉冲激光打到地面的树木、道路、桥梁和建筑物上引起散射，一部分光波会反射到激光雷达的接收器上，然后测量反射或散射信号到达发射机的时间、信号强弱程度和频率变化等参数，以此来计算往返的时间从而确定被测目标的距离、运动速度以及方位。脉冲激光不断地扫描目标物，就可以得到目标物上全部目标点的数据，用此数据进行成像处理后，可得到精确的三维立体图像，如图 5-3 所示。

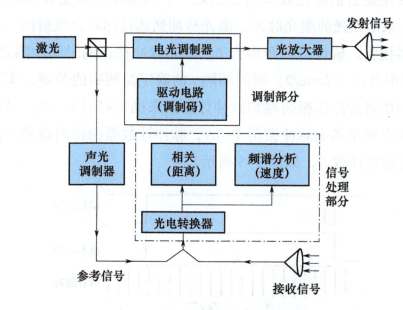

图 5-3　激光雷达测量原理框图

（1）激光雷达测距基本原理　激光雷达测距方法一般有三角测距法、脉冲（TOF）测距法以及调幅连续波测距法，如图 5-4 所示。

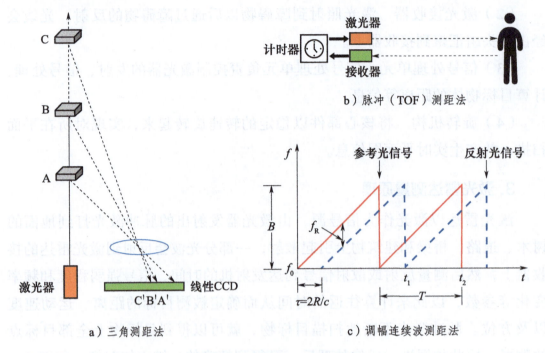

图 5-4 激光雷达测距方法

脉冲测距是目前应用较多的方法之一,其基本原理是在测距点向被测目标发射一束短而强的激光脉冲,激光脉冲到达目标后会反射回一部分被光功能接收器接收。假设目标距离为 L,激光脉冲往返的时间间隔是 t,光速为 c,则测距公式为 $L=tc/2$。时间间隔 t 的确定是测距的关键,实际的脉冲激光雷达利用时钟晶体振荡器和脉冲计数器来确定时间 t。时钟晶体振荡器用于产生固定频率的电脉冲振荡 $T=1/f$,脉冲计数器的作用就是对晶体振荡器产生的电脉冲计数 N,如图 5-5 所示。

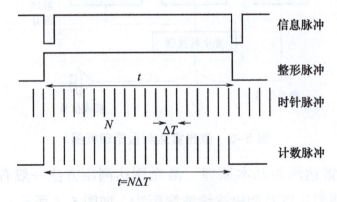

图 5-5 脉冲测距原理图

（2）激光雷达测速基本原理　激光雷达测速的方法主要有两大类，分别是基于激光雷达测距原理测速和多普勒频移测速，如图 5-6 和图 5-7 所示。

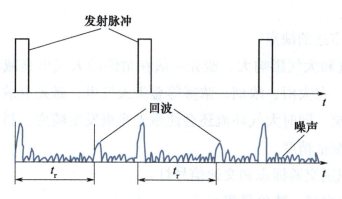

图 5-6　基于激光雷达测距原理测速

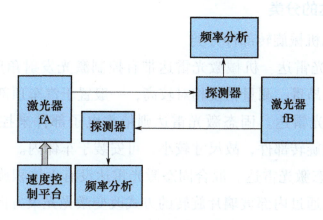

图 5-7　多普勒频移测速

4. 激光雷达的特点

（1）激光雷达的优点

1）探测范围广。探测距离可达 300m 以上。

2）分辨率高。激光雷达可以获得极高的距离、速度和角度分辨率。通常激光雷达的距离分辨率可达 0.1m；速度分辨率能达 10m/s 以内；角度分辨率不低于 0.1rad，也就是说可以分辨 3km 距离内相距 0.3m 的两个目标，并可同时跟踪多个目标。

3）信息量丰富。可直接获取探测目标的距离、角度、反射强度、速度等信息，生成目标多维度图像。

4）可全天候工作。激光主动探测，不依赖于外界光照条件或目标本身的辐射特性，它只需发射自己的激光束，通过探测发射激光束的回波信号来获取目标信息。

（2）激光雷达的缺点

1）受天气和大气影响大。激光一般在晴朗的天气里衰减较小，传播距离较远。然而，在大雨、浓烟、浓雾等恶劣天气里，激光衰减急剧加大，传播距离大受影响，同时大气环流还会使激光光束发生畸变、抖动等，直接影响激光雷达的测量精度。

2）不易识别交通标志和交通信号灯。

3）工艺要求高，造价昂贵。

5. 激光雷达的分类

（1）按有无机械旋转部件分类

1）机械激光雷达。机械激光雷达带有控制激光发射角度的旋转部件，体积较大，价格昂贵，测量精度相对较高，一般置于汽车顶部。

2）固态激光雷达。固态激光雷达则依靠电子部件来控制激光发射角度，不需要机械旋转部件，故尺寸较小，可安装于车体内。

3）混合固态激光雷达。混合固态激光雷达没有大体积旋转结构，采用固定激光光源，通过内部玻璃片旋转的方式改变激光光束方向，能实现多角度检测的需要，采用嵌入式安装。

（2）按接线束数量的多少分类

1）单线束激光雷达。单线束激光雷达扫描一次只产生一条扫描线，其所获得的数据为 2D 数据，因此无法区分有关目标物体的 3D 信息。不过，由于单线束激光雷达具有测量速度快、数据处理量少等特点，多被应用于安全防护、地形测绘等领域。

2）多线束激光雷达。多线束激光雷达扫描一次可产生多条扫描线，目前市场上多线束激光雷达产品包括 4 线束、8 线束、16 线束、32 线束、64 线束、128 线束等，其可细分为 2.5D 激光雷达及 3D 激光雷达。2.5D 激光雷达与 3D 激光雷达最大的区别在于激光雷达垂直视野的范围，前者垂直视野范围一般不超过 10°，而后者可达到 30° 甚至 40° 以上，这也就导致两者对于激光雷达在汽车上的安装位置要求有所不同。镭神 16/32 线激光雷达坐标系和扫描方向如图 5-8~图 5-10 所示。

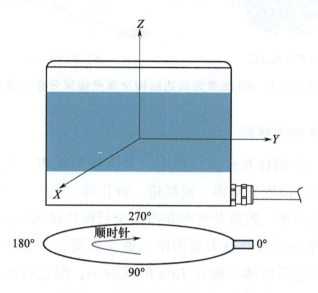

图 5-8 激光雷达坐标系示意图

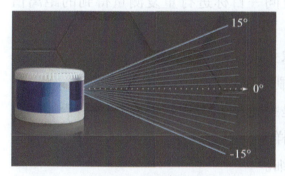

图 5-9 镭神 16 线激光雷达垂直角度分辨率 2° 示意图

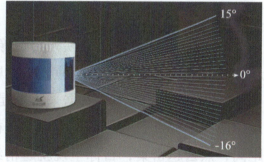

图 5-10 镭神 32 线激光雷达垂直角度分辨率 1° 示意图

如某型号 40 线机械式激光雷达，在雷达外壳内，有 40 对固定安装在转子上的激光发射器和激光接收器，通过电动机旋转进行水平 360° 的扫描。该激光雷达探测距离为 0.3~200m，水平视场角为 360°，垂直视场角为 –16°~7°，线束 1~6 相邻两条线之间的垂直角分辨率为 1°，线束 6~30 相邻两条线之间的垂直角分辨率为 0.33°，线束 30~40 相邻两条线之间的垂直角分辨率为 1°，如图 5-11 所示。

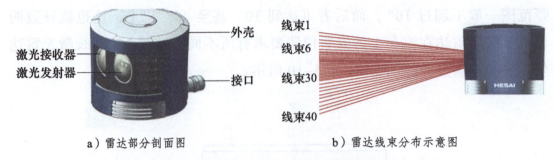

a）雷达部分剖面图　　　　　　b）雷达线束分布示意图

图 5-11　40 线激光雷达结构及激光线束分布示意图

6. 激光雷达技术参数

激光雷达主要指标有距离分辨率、最大探测距离、测距精度、测量帧频、数据采样率、角度分辨率、视场角、波长等。

（1）距离分辨率　距离分辨率是指两个目标物体可区分的最小距离。

（2）最大探测距离　最大探测距离通常需要标注基于某一个反射率下的测得值，如白色反射体大概有 70% 的反射率，黑色物体只有 7%~20% 的反射率。

（3）测距精度　测距精度是指对同一目标进行重复测量得到的距离值之间的误差范围。

（4）测量帧频　测量帧频与摄像头的帧频概念相同，激光雷达成像刷新帧频会影响激光雷达的响应速度，刷新率越高，响应速度越快。

（5）数据采样率　数据采样率是指每秒输出的数据点数，等于帧率乘以单幅图像的点云数目，通常数据采样率会影响成像的分辨率，特别是在远距离，点云越密集，目标呈现就越精细。

（6）角度分辨率　角度分辨率是指扫描的角度分辨率，等于视场角除以该方向所采集的点云数目，因此该参数与数据采样率直接相关。

（7）视场角　视场角又分为垂直视场角和水平视场角，是激光雷达的成像范围。

（8）波长　激光雷达所采用的激光波长会影响雷达的环境适应性和对人眼的安全性。

深圳市镭神智能系统有限公司生产的机械式激光雷达 C16、C32 型主要参数见表 5-1。国内外激光雷达主流厂家见表 5-2。

表 5-1 镭神激光雷达参数

型号		C16-×××A	C32-×××A
测距方式		脉冲式	脉冲式
激光波段		905nm	905nm
激光等级		1级（人眼安全）	1级（人眼安全）
激光通道		16路	32路
信号传输方式		无线功率与信号传输	无线功率与信号传输
最大测程		150m 反射率为70%	200m 反射率为30%
最小测程		0.5m	0.5m
测距精度		±3cm	±3cm
数据获取速度		最高32万点/s	最高64万点/s
视场角	垂直	±15°	−16.5°~+9.5°
	水平	360°	360°
角度分辨率	垂直	2°	1°
	水平	5Hz: 0.09° 10Hz: 0.18° 20Hz: 0.36°	5Hz: 0.09° 10Hz: 0.18° 20Hz: 0.36°
通信接口		以太网对外通信	以太网对外通信
供电范围（直流）		9~48V	9~48V
尺寸		ϕ120mm×110mm	ϕ120mm×110mm
重量		约1500g	约1600g

表 5-2 国内外激光雷达主流厂家

国内	国外
禾赛光电	德国 IBEO
速腾聚创	以色列 Innoviz
镭神智能	美国 Velodyne
北科天绘	美国 Quanergy
思岚科技	加拿大 LeddarTech
大族激光	美国 TriLumina
北醒（北京）光子科技	MIT 团队

7. 激光雷达外观认知及参数识读

（1）外观认知 机械旋转式激光雷达采用360°视场角，外壳形状呈圆柱状，底部留有通信和供电接口，一般激光发射线束越多，体积会有所增大，如图5-12所示。

图5-12 机械旋转式激光雷达外观

（2）激光雷达线束端口定义及说明 激光雷达传感器端侧面引出缆线，缆线为10芯屏蔽线（图5-13），线束定义及说明见表5-3。

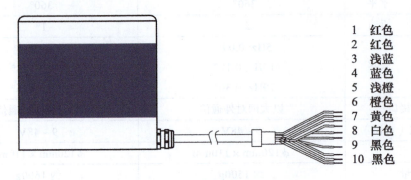

图5-13 激光雷达线束说明

表5-3 激光雷达线束定义及说明

序号	线缆的颜色和规格	定义	定义说明	数量
1	红色（22AWG）	VCC	电源正端	1
2	红色（22AWG）	VCC	电源正端	1
3	浅蓝（26AWG）	TD_P	以太网发射差分正端	1
4	蓝色（26AWG）	TD_N	以太网发射差分负端	1
5	浅橙（26AWG）	RD_P	以太网接收差分正端	1
6	橙色（26AWG）	RD_N	以太网接收差分负端	1
7	黄色（26AWG）	GPS_Rec	GPS授时接收	1
8	白色（26AWG）	GPS_PPS	GPS授时同步时钟	1
9	黑色（22AWG）	GND	电源负（GND）	1
10	黑色（22AWG）	GND	电源负（GND）	1

（3）参数识别　应用于智能网联汽车的激光雷达型号很多，可根据目标位置、运动状态、形状的探测与识别、分辨率等需求参考激光雷达的各种参数来选型，见表5-4。

表5-4　机械激光雷达规格参数

型号		××-32		
测距方式		脉冲式		
激光波段		905nm		
激光等级		1级（人眼安全）		
激光通道		32路		
最大测程		120m	150m	200m
最小测程		0.5m	0.5m	0.5m
测距精度		±2cm	±2cm	±2cm
数据获取速度		最高64万点/s	最高64万点/s	最高64万点/s
视场角	垂直	-16.5°~+9.5°	-16.5°~+9.5°	-16.5°~+9.5°
	水平	360°	360°	360°
角度分辨率	垂直	1°	1°	1°
	水平	5Hz:0.09° 10Hz:0.18° 20Hz:0.36°	5Hz:0.09° 10Hz:0.18° 20Hz:0.36°	5Hz:0.09° 10Hz:0.18° 20Hz:0.36°
扫描频率	垂直	32路垂直方向固联		
	水平	5Hz、10Hz、20Hz（可选）		
操控模块		计算机上位机软件设置		
通信接口		以太网对外通信		
供电范围（直流）		9~48V		
工作温度		-10~60℃		
存储温度		-20~85℃		
光照条件		强烈日照下或黑暗中均可操作		
温度		非冷凝		
冲击		500m/s^2，持续11ms		
振动		5~2000Hz		
防护等级		可达IP67		
尺寸		ϕ120mm×110mm		
重量		1600g		

激光雷达技术应用领域广泛，能够突破的是把实用性和可靠性放在第一位，其测量的最大距离（范围）是核心指标。大多数激光雷达以直接测量距离为主要指标。除了测距范围以外，还需熟悉表5-5中的重要数据指标。

表5-5 激光雷达重要数据指标

指标	描述	激光雷达性能
扫描频率	1s内雷达进行多少次扫描	10～15Hz 可调节
角分辨率	两个相邻测距点的角度步进	0.9°（4K，10Hz）～0.45°（8K，10Hz）
测量分辨率/精度	可感知到的距离编号最小量	0.1% 被测物体距离
测距采样率	1s内进行多少次测距输出	4K/8K

8. 激光雷达在智能网联汽车上的应用

（1）障碍物检测与分割　利用高精度地图限定感兴趣区域（ROI）后，基于全卷积深度神经网络学习点云特征并预测障碍物的相关属性，得到前景障碍物检测与分割，如图5-14所示。

（2）可通行空间检测　利用高精度地图限定感兴趣区域后，可以对ROI内部（比如可行驶道路和交叉口）点云的高度及连续性信息进行判断以确定点云处是否可通行，如图5-15所示。

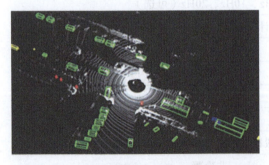
图5-14　激光雷达障碍物检测与分割

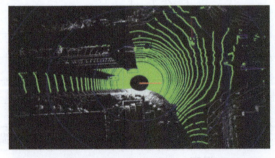
图5-15　激光雷达可通行空间检测

（3）高精度电子地图制图与定位　利用多线激光雷达的点云信息与地图采集车载组合惯导的信息，进行高精地图制作。自动驾驶汽车利用激光点云信息与高精度地图匹配，以此实现高精度定位，如图5-16所示。

（4）障碍物轨迹预测　根据激光雷达的感知数据与障碍物所在车道的拓

图 5-16 激光雷达高精度电子地图制图与定位

扑关系（道路连接关系）进行障碍物的轨迹预测，以此作为无人驾驶汽车路径规划（避障、换道、超车等）的判断依据，如图 5-17 所示。

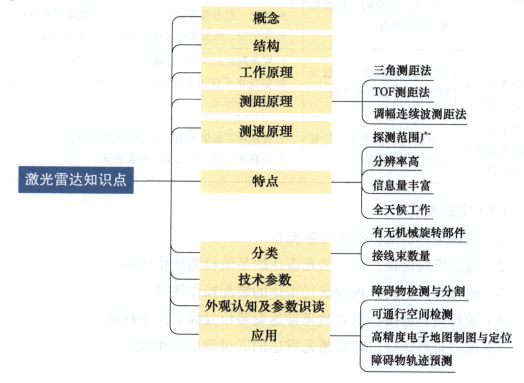

图 5-17 激光雷达障碍物轨迹预测

资讯小结

激光雷达知识点
- 概念
- 结构
- 工作原理
- 测距原理
  - 三角测距法
  - TOF 测距法
  - 调幅连续波测距法
- 测速原理
- 特点
  - 探测范围广
  - 分辨率高
  - 信息量丰富
  - 全天候工作
- 分类
  - 有无机械旋转部件
  - 接线束数量
- 技术参数
- 外观认知及参数识读
- 应用
  - 障碍物检测与分割
  - 可通行空间检测
  - 高精度电子地图制图与定位
  - 障碍物轨迹预测

5.4 任务准备

1. 任务计划

(1) 工具设备介绍

子任务模块	设备工具	功能备注
任务1 激光雷达的品质检测	激光雷达、直流电源、笔记本计算机、激光雷达上位机软件、激光雷达用户手册、无纺布、绝缘垫、工作手套等	1. 激光雷达用于品质检测 2. 直流电源用于激光雷达启动供电（0~36V可调） 3. 笔记本计算机用于安装激光雷达相关软件和查看相关数据 4. 激光雷达上位机软件用于检测激光雷达性能和查看数据 5. 激光雷达用户手册用于查阅激光雷达相关技术参数 6. 无纺布、绝缘垫、工作手套用于设备及人身安全防护
任务2 激光雷达的装配	智能网联教学车、镭神C16型号激光雷达1套、扭力扳手、激光雷达专用线束、数字万用表、卷尺、无纺布、安全帽、绝缘垫和工作手套等	1. 智能网联教学车用于激光雷达部件的装配 2. 镭神C16型号激光雷达1套用于实物安装 3. 线束用于连接激光雷达部件及数据传输 4. 数字万用表用于测量车载电源电压和区分电源正负极性 5. 卷尺、扭力扳手用于测量、安装、固定激光雷达 6. 安全帽、绝缘垫和工作手套用于人身安全防护
任务3 激光雷达安装位置标定	智能网联教学车、激光雷达本体、数显水平仪	1. 智能网联教学车用于激光雷达安装固定 2. 数显水平仪用于激光雷达安装姿态、俯仰角、倾斜角的标定
任务4 激光雷达的联机调试	智能网联教学车、计算平台、数显角度尺	1. 智能网联教学车用于激光雷达联机调试 2. 计算平台用于激光雷达功能测试

(2) 实操预演

1) 通过资料链接，熟悉任务流程。

2) 通过资料链接，观看激光雷达的品质检测操作视频。

3) 通过资料链接，观看激光雷达的装配操作视频。

4) 通过资料链接，观看激光雷达安装位置标定操作视频。

5) 通过资料链接，观看激光雷达的联机调试操作视频。

学习任务 5　激光雷达的装配调试

| 实操预演 | 激光雷达的品质检测 | 激光雷达的装配 | 激光雷达安装位置标定 | 激光雷达的联机调试 |

2. 任务决策

通过对"实操预演"环节的视频学习，并经过分析与讨论后，列出完整的操作步骤。

步骤	任务1 激光雷达的品质检测	任务2 激光雷达的装配	任务3 激光雷达安装位置标定	任务4 激光雷达的联机调试
1				
2				
3				
4				
5				
6				
7				
8				
9				
10				
…				

5.5　任务实施

▶ 任务1　激光雷达的品质检测

（1）前期准备

1）激光雷达出厂品质检测标准。

产品编号：		检查结果（根据实际情况在"□"打"√"）			
外形和外观检查	外箱包装	完整 □	变形 有 □　无 □	损坏 有 □　无 □	—
	外箱表面涂层	完整 □	脏污 有 □　无 □	划痕 有 □　无 □	—
	外箱图文信息	完整 □	缺失 有 □　无 □	清晰 有 □　无 □	不可辨认 有 □　无 □

（续）

产品编号：		检查结果（根据实际情况在"□"打"√"）						
外形和外观检查	封箱胶纸	完整 □	不平整 有 □ 无 □		褶皱 有 □ 无 □		翘起 有 □ 无 □	
箱唛检验	箱唛内容	完整 □	填写错误 有 □ 无 □		漏写 有 □ 无 □		涂改 有 □ 无 □	
	箱唛信息内容	完整 □	异色点 有 □ 无 □		偏位 有 □ 无 □		脱胶 有 □ 无 □	

2）激光雷达本体检查。

产品编号：		检查结果（根据实际情况在"□"打"√"）			
激光雷达检查	产品检查	清单与配件数量一致 有 □ 否 □	产品实物与描述一致 有 □ 否 □	缺件 有 □ 无 □	错装 有 □ 无 □
	外观	完整 □	破损 有 □ 无 □	粘胶 有 □ 无 □	缝隙 有 □ 无 □
		凸凹变形 有 □ 无 □	开裂 有 □ 无 □	色差 有 □ 无 □	—
	表面划痕	无划痕 有 □ 无 □	$L < 10mm$ 有 □ 否 □	A 面 < 2 条 有 □ 否 □	B 面 < 2 条 有 □ 否 □
		C 面 < 2 条 有 □ 否 □	—	—	—
	激光雷达装配	装配完整 □	缝隙宽度 ≤ 1.0mm 有 □ 否 □	底座螺钉无脱落 有 □ 否 □	螺纹滑丝 有 □ 否 □

（2）实操演练

实施步骤	标准／图示	操作要点
1 激光雷达包装检查	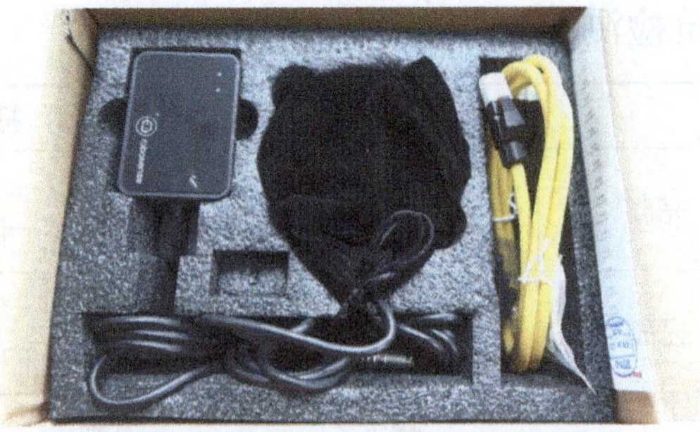	查看外箱图文标识与出厂一致 □ 查看箱唛实物与产品描述一致 □ 查看产品配件与装箱清单一致 □

（续）

实施步骤	标准/图示	操作要点
2 激光雷达本体外观检测		检查本体外观完好 □ 检查外罩装配标准 □
3 连接线束	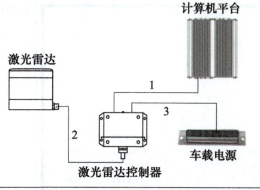	正确连接电源线束和通信线束 □ 正确选择电源电压参数 □
4 配置笔记本计算机IP地址（激光雷达目的IP）	打开 wireshark 查看激光雷达及计算机 IP 地址 	正确设置激光雷达目的 IP □ 正确设置子网掩码 □

（续）

实施步骤	标准/图示	操作要点
5 启动计算机，打开"LSC16 v3.0.1"软件		选择正确辨识及打开应用软件 □
6 选择LSC16型号雷达	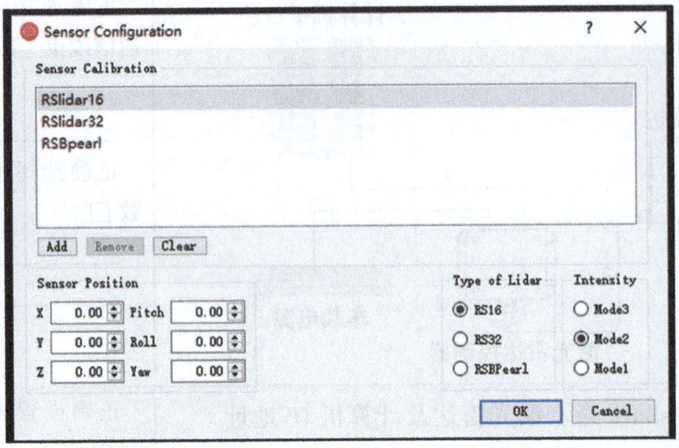	正确选择激光雷达相对型号 □
7 设置端口号	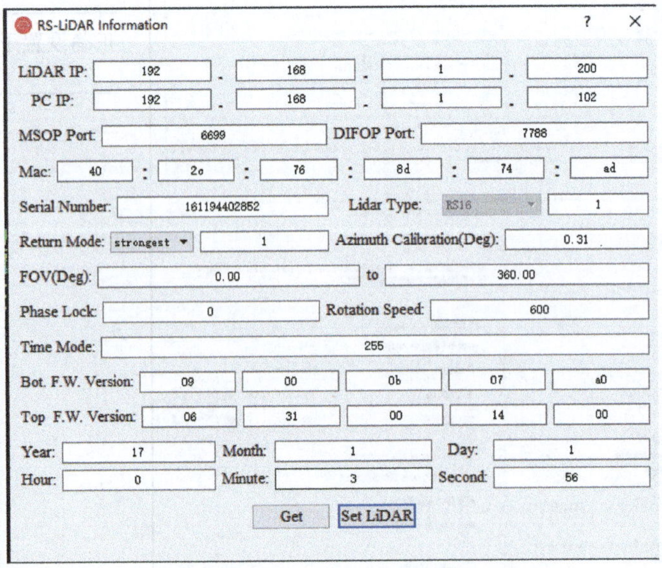	正确设置软件端口参数 □

（续）

实施步骤	标准/图示	操作要点
8 单击播放按钮查看激光雷达点云数据		熟练操作软件相关菜单栏和工具栏 □ 正确显示及识读点云数据 □
9 6S	—	整理工具 □ 清理、复原设备 □ 场地清洁 □

任务2 激光雷达的装配

（1）前期准备

激光雷达装配准备及线束连接示意图如图5-18和图5-19所示。

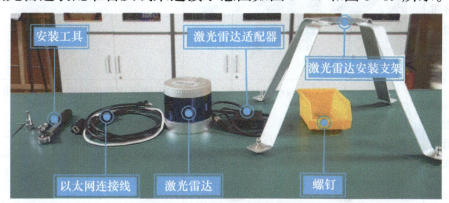

图5-18 激光雷达装配准备

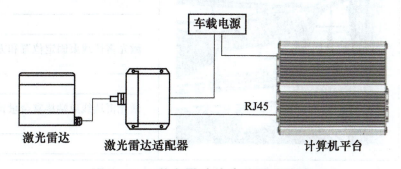

图5-19 激光雷达线束连接示意图

（2）实操演练

实施步骤	标准/图示	操作要点
1 激光雷达底部螺孔与安装支架固定	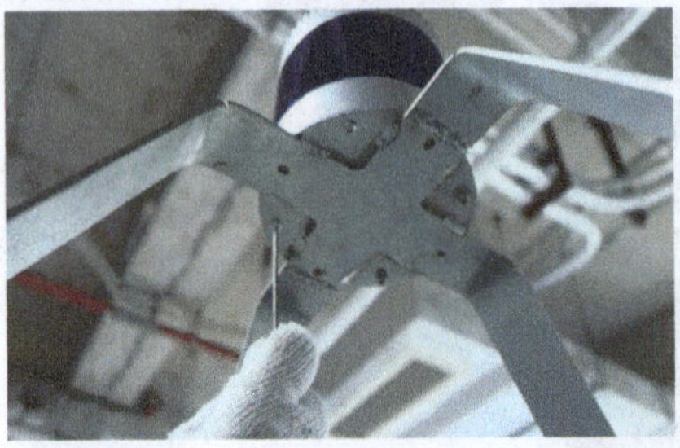	激光雷达 Y 轴方向的确定 □ 激光雷达与支架安装位置的确定 □
2 激光雷达支架固定在安装位置上		准确测量固定支架安装位置 □ 正确安装固定支架 □
3 安装激光雷达适配器	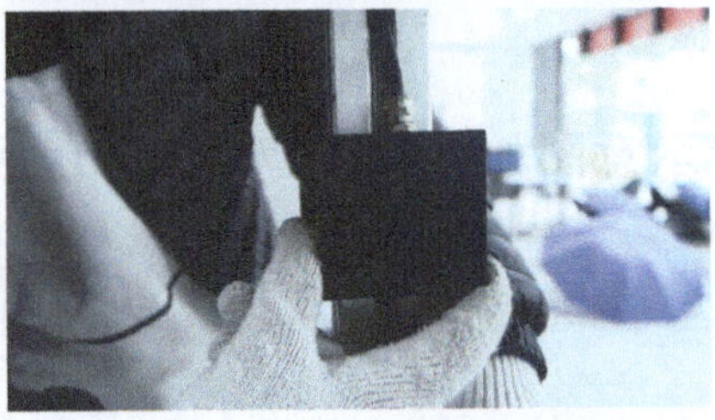	正确安装及固定激光雷达适配器 □
4 识读智能网联汽车激光雷达实车布线图	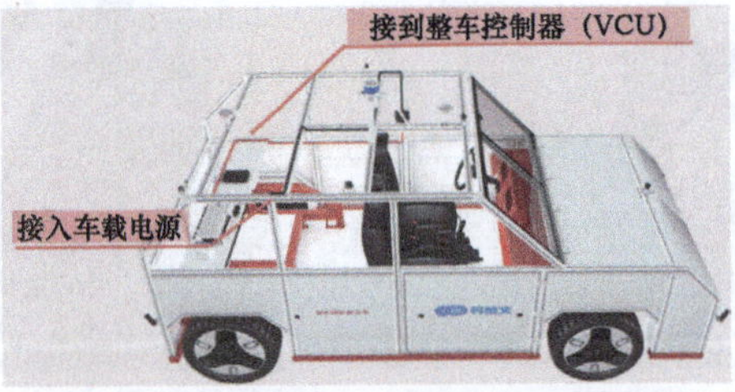	正确识读智能网联汽车激光雷达实车布线图 □
5 激光雷达线束的铺设及固定		激光雷达线束铺设位置和方向合理 □ 激光雷达线束固定位置和方法合理 □ 激光雷达线束端接富余量预留合理 □

(续)

实施步骤	标准/图示	操作要点
6 激光雷达本体线束与适配器的连接		激光雷达本体线束连接头与适配器连接头匹配连接正确 □ _____ _____
7 适配器网线与计算平台的连接		网线与适配器、计算平台的网口连接正确 □ _____ _____
8 车载电源电压的测量		正确区分和标记车载电源线正负极 □ _____ 正确测量和记录车载电源电压 □ _____
9 适配器与车载电源的连接	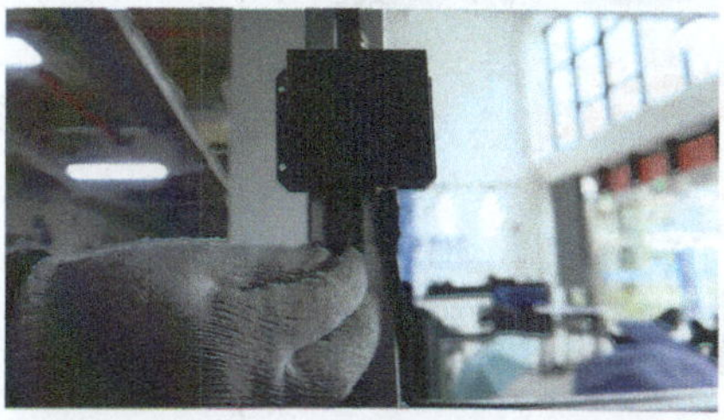	正确连接激光雷达适配器电源线正负极 □ _____ _____
10 计算平台与车载电源的连接		正确连接计算平台电源线束 □ _____ _____
11 6S	—	整理工具 □ 清理、复原设备 □ 场地清洁 □

083

任务3 激光雷达安装位置标定

（1）前期准备

整车坐标系与激光雷达坐标系的关系如图5-20所示。

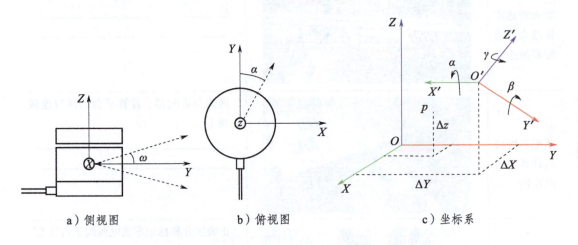

a）侧视图　　　　b）俯视图　　　　c）坐标系

图5-20　整车坐标系与激光雷达坐标系的关系

（2）实操演练

实施步骤	标准/图示	操作要点
1 激光雷达 X 坐标标定		选择组合导航坐标系为参考点 □ X 轴方向参数的测量 □
2 激光雷达 Y 坐标标定		选择组合导航坐标系为参考点 □ Y 轴方向参数的测量 □

（续）

实施步骤	标准/图示	操作要点
3 激光雷达Z坐标标定		选择组合导航坐标系为参考点 □ Z轴方向参数的测量 □
4 激光雷达俯仰角标定	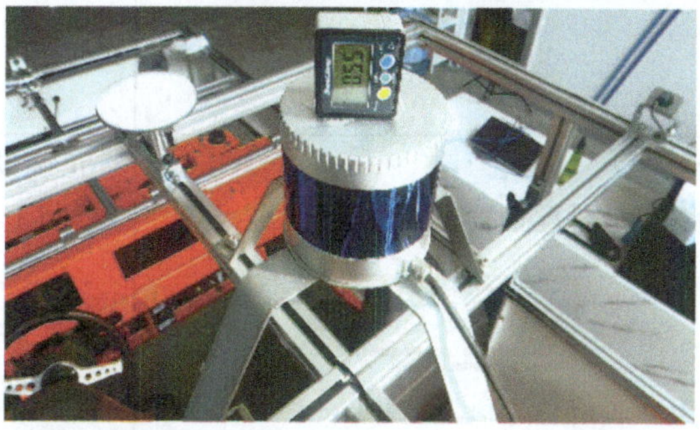	俯仰角的调节 □ 数显水平仪参数识读 □
5 6S	—	整理工具 □ 清理、复原设备 □ 场地清洁 □

任务4　激光雷达的联机调试

（1）前期准备

根据实际情况在"□"位置上打"√"

工装着装	有 □	无 □	穿戴整洁 □	穿戴不整洁 □
安全围挡	有 □	无 □	放置正确 □	放置不正确 □
安全警示牌	有 □	无 □	放置正确 □	放置不正确 □
工具仪器	准备齐全 □	缺失 □	损坏 □	—
零部件	准备齐全 □	缺失 □	损坏 □	—
实训台架	准备完整 □	不完整 □	损坏 □	—

（2）实操演练

实施步骤	标准/图示	操作要点
1 查看激光雷达 IP 地址	1）激光雷达与笔记本计算机的连接 2）打开 wireshark 查看激光雷达 IP 地址 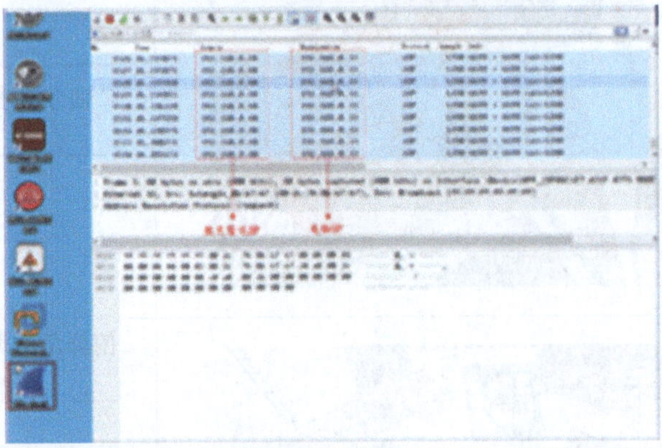	使用 wireshark 软件查看并正确辨识激光雷达 IP 地址 □
2 计算平台的激光雷达 IP 地址配置	1）进入计算平台 2）进入计算平台控制软件配置激光雷达 IP 地址 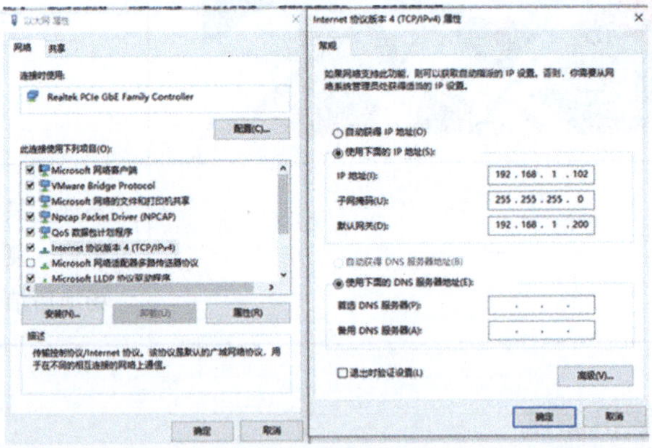	正确设置计算平台 IP 地址 □
3 计算平台的激光雷达参数设置	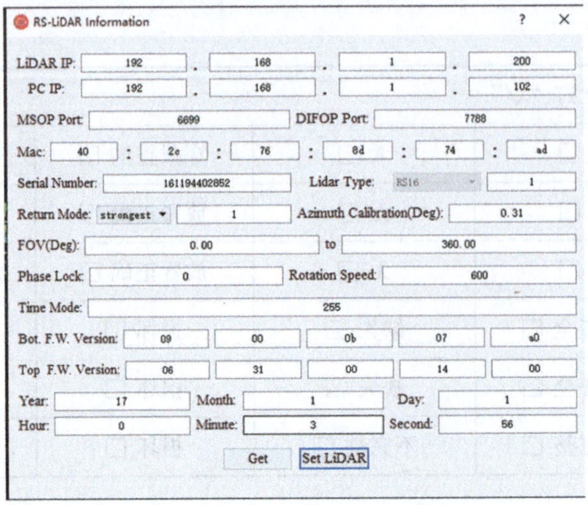	正确设置激光雷达参数 □

（续）

实施步骤	标准/图示	操作要点
4 查看激光雷达扫描数据	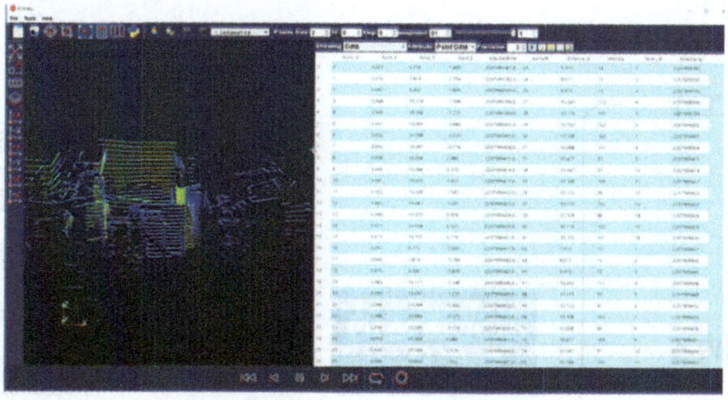	正确启动激光雷达 □ 正确辨识激光雷达点云数据原点 □ 正确辨识激光雷达 Y 轴正方向 □
5 6S	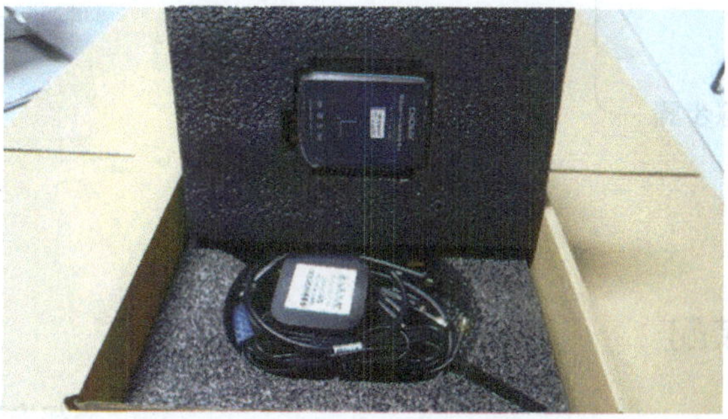	整理工具 □ 清理、复原设备 □ 场地清洁 □

5.6 任务检查与评价

1. 任务评价

（1）任务1　激光雷达的品质检测

见附录 G。

（2）任务2　激光雷达的装配

见附录 H。

（3）任务3　激光雷达安装位置标定

见附录 I。

（4）任务4　激光雷达的联机调试

见附录 J。

2. 任务小结

任务 1 激光雷达的品质检测

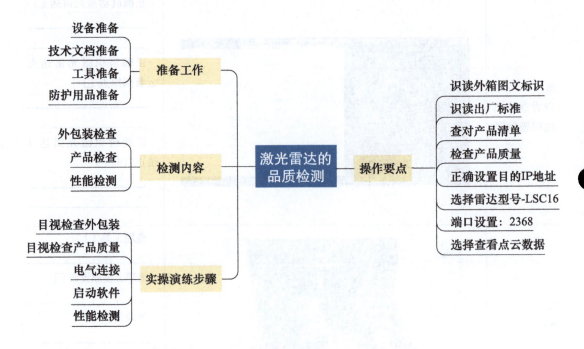

任务 2 激光雷达的装配

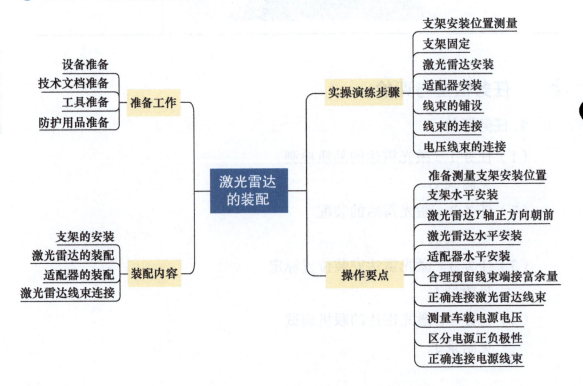

学习任务 5 激光雷达的装配调试

任务 3　激光雷达安装位置标定

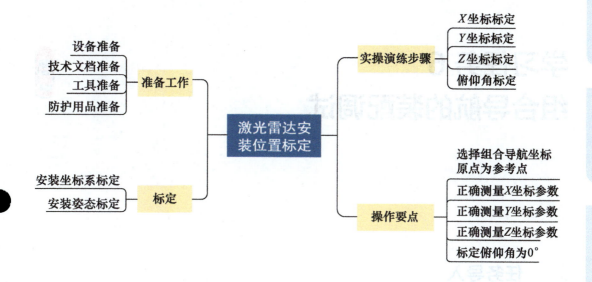

任务 4　激光雷达的联机调试

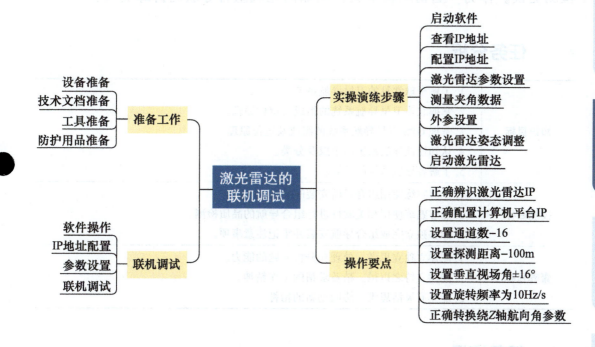

学习任务 6
组合导航的装配调试

6.1 任务导入

车厂技术人员通过检查车辆发现其组合导航系统部件损坏,需要进行检测更换。作为一名初级技术员,应如何完成组合导航的拆卸安装?

6.2 任务分析

知识目标	1. 了解全球常见的卫星导航系统。 2. 掌握北斗卫星导航系统的组成及定位原理。 3. 掌握 GPS 卫星导航系统的组成及定位原理。 4. 认知惯性导航系统的组成及分类。 5. 了解各导航系统的差异。
技能目标	1. 能够熟练使用组合导航安装时所需的工具。 2. 能够熟练使用相关软件进行组合导航的品质检测。 3. 能够独立完成组合导航安装并牢记注意事项。
素养目标	1. 能建立独立思考、处理和分析问题的能力。 2. 能树立持之以恒、精益求精的工作精神。 3. 能具有灵活思维、协同创新的精神。

6.3 任务资讯

1. 组合导航系统的概述

在古代,人们利用夜空中的北极星恒定在北方方位的特性来判断东西南北，借助日月星辰来判断海上航行的方向。在航海中，人们使用一种测角仪，测量从水天线到星星的仰角，将测量的结果和早已测定好的"过洋牵星图"比较，就可以知道船只在海中的大概位置，如图 6-1 所示。

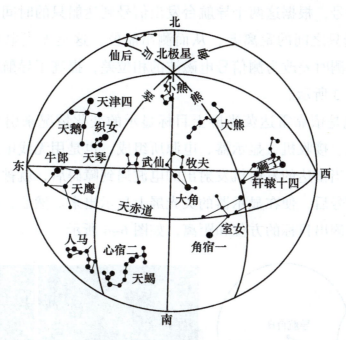

图 6-1　北极星定位示意图

中国古代先人在长期的实践中有了对磁石磁性的认识，发明了指南针（司南）。其主要组成部分是一根装在轴上的磁针，磁针在天然地磁场的作用下可以自由转动并保持在磁子午线的切线方向上。磁针的南极指向地理南极（磁场北极），利用这一性能可以辨别方向，指南针应用于航海是世界航海史上的一项划时代的创举，如图 6-2 所示。

图 6-2　指南针（司南）

20世纪，无线电导航、雷达导航和卫星导航的诞生使人类真正做到了"海阔任船行，天高任机飞"。

无线电导航是通过接收沿岸放置的导航台中较近的两个导航台同时发来的无线电信号，根据这两个导航台发出信号到达船只的时间差计算出这两个导航台与船只之间的距离差，从而测出船位，这是无线电导航的基本原理。后来又将测时差改为测信号电磁波的相位差，提高了导航精确度和导航距离，如图6-3所示。

雷达导航是依靠雷达荧光屏上目标显示的变化情况来引导航行的，由天线、发射机、接收机、显示器、电源所组成，也是用无线电来测定目标方位和距离的。当雷达的发射机发射出的电波遇到障碍后，就被反射回来，接收机接收到信号后，便在显示器的荧光屏上显示出来。然后，通过一系列复杂的计算便可测出目标的方位和距离，如图6-4所示。

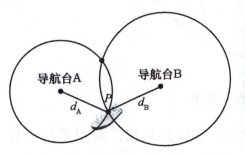

图6-3 无线电导航定位示意图

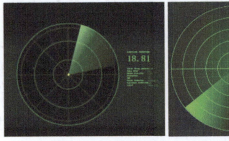

图6-4 雷达导航定位示意图

2. 全球卫星导航系统

全球卫星导航系统（Global Navigation Satellite System，GNSS）是能在地球表面或近地空间的任何地点为用户提供全天候的三维坐标和速度以及时间信息的空基无线电导航定位系统，一般民用导航精度能够精确到米级，目前已广泛应用于各种领域。常见系统有中国的北斗卫星导航系统（BDS）、俄罗斯的格洛纳斯卫星导航系统（GLONASS）、美国的全球定位系统（GPS）和欧盟的伽利略卫星导航系统（GALILEO）四大卫星导航系统，如图6-5所示。

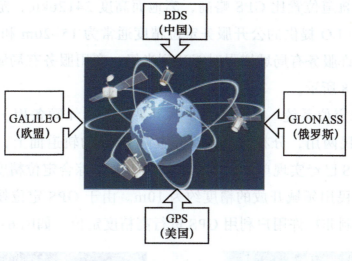

图 6-5 全球四大卫星导航系统

（1）北斗卫星导航系统　BDS 由 55 颗卫星组成，采用双星定位，军民两用，定位精度约 10m。北斗卫星导航的特性是能在任何时间、任何地点为用户确定其所在的地理经纬度和海拔。BDS 在定位性能上有所创新，不仅能使用户知道自己所在位置，还可以告诉别人自己的位置，特别适用于需要导航与移动数据通信的场所，如图 6-6 所示。

（2）格洛纳斯卫星导航系统　GLONASS 由 30 颗卫星（其中 4 颗备用）组成，采用 3 星定位，精度比 GPS 低，军民两用。导航精度在 0.3m 左右，但民用领域开放的精度约为 10m，如图 6-7 所示。

图 6-6　北斗导航卫星

图 6-7　格洛纳斯导航卫星

（3）伽利略卫星导航系统　GALILEO 是由欧盟研制和建立的全球卫星导航定位系统，由 30 颗卫星（其中 3 颗备用）组成，采用 3 星定位，专门为民用。卫星轨道位置比 GPS 略高，离地面高度 24126km，定位误差不超过 1m。GALILEO 提供的公开服务定位精度通常为 15~20m 和 5~10m 两个档次，公开特许服务有局域增强时能达到米级，商用服务有局域增强时为厘米级，如图 6-8 所示。

（4）全球定位系统　GPS 由 28 颗卫星（其中 4 颗备用）组成，采用 4 星定位，军民两用，分布在 6 条交点互隔 60°的轨道面上，距离地面约 20000km。GPS 已经实现单机导航精度约为 10m，综合定位精度可达厘米级和毫米级。但民用领域开放的精度约为 10m。由于 GPS 定位技术涉及军事用途，美国限制非特许用户利用 GPS 进行高精度定位，如图 6-9 所示。

图 6-8　伽利略导航卫星

图 6-9　GPS 导航卫星

3. 北斗卫星导航系统的认知

（1）定位原理　北斗卫星导航系统（以下简称北斗系统）是中国着眼于国家安全和经济社会发展需要，独立自主研发建设、独立运行的卫星导航系统。其工作原理是基于卫星信号的发射时间与到达接收机的时间之差（称为伪距）来测量北斗定位卫星到用户间的距离。伪距测量需要接收来自不少于 4 颗卫星的信号，才能准确计算用户的三维位置和接收机时钟偏差。

卫星定位是通过"到达时间差"（时延）的概念，利用每一颗卫星的精确位置和连续发送的星上原子钟生成的导航信息获得从卫星至接收机的到达时间差。由于卫星的位置精确可知，在接收机对卫星观测中，我们可以得到卫星到接收机的距离，利用三维坐标中的距离公式，利用 3 颗卫星，就可以组成 3 个方程式，解出观测点的位置，如图 6-10 所示。

$$\begin{cases} d_1^2 = (X_1-X)^2 + (Y_1-Y)^2 + (Z_1-Z)^2 + c^2(t-t_{01}) \\ d_2^2 = (X_2-X)^2 + (Y_2-Y)^2 + (Z_2-Z)^2 + c^2(t-t_{02}) \\ d_3^2 = (X_3-X)^2 + (Y_3-Y)^2 + (Z_3-Z)^2 + c^2(t-t_{03}) \\ d_4^2 = (X_4-X)^2 + (Y_4-Y)^2 + (Z_4-Z)^2 + c^2(t-t_{04}) \end{cases}$$

图 6-10 卫星定位图示及方程式

北斗卫星定位系统的基本原理是测量出已知位置的卫星到用户接收机之间的距离，然后综合多颗卫星的数据就可知道接收机的具体位置。要达到这一目的，卫星的位置可以根据星载时钟所记录的时间在卫星星历中查出。

（2）北斗卫星导航系统的组成　北斗卫星导航系统分为 3 个部分，分别为空间部分、地面监控部分和用户部分，如图 6-11 所示。

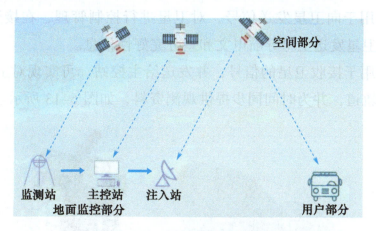

图 6-11 北斗卫星导航系统组成示意图

1）北斗卫星导航系统空间部分。20 世纪后期，我国已开始探索适合国情的卫星导航系统发展道路，形成三步走发展战略。2000 年底，北斗一号系统开始为我国提供服务。2012 年底，北斗二号系统开始为亚太地区提供服务。2020 年 6 月，我国北斗三号全球导航系统最后一颗（第 55 颗）组网卫星发射成功，同年 7 月，北斗三号全球卫星导航系统正式开通，为全球用户提供全天候、全天时、高精度定位、导航和授时服务（图6-12）。

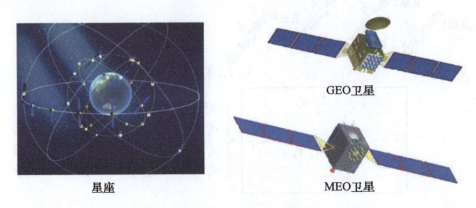

图6-12 北斗卫星链

2）地面部分包括主控站、时间同步/注入站和监测站等若干地面站，以及星间链路运行管理设施。

主控站用于系统运行管理与控制等。主控站从监测站接收数据并进行处理，生成卫星导航电文和差分完好性信息，而后交由注入站执行信息的发送。

注入站用于向卫星发送信号，对卫星进行控制管理，在接受主控站的调度后，向卫星发送卫星导航电文和差分完好性信息。

监测站用于接收卫星的信号，并发送给主控站，可实现对卫星的监测，以确定卫星轨道，并为时间同步提供观测资料，如图6-13所示。

图6-13 北斗卫星地面监测站和卫星发送台

3）用户部分即用户的终端，既可以是专用于北斗卫星导航系统的信号接收机，也可以是同时兼容其他卫星导航系统的接收机。接收机需要捕获并跟踪卫星的信号，根据数据按一定的方式进行定位计算，最终得到用户的经纬度、高度、速度、时间等信息，如图 6-14 所示。

图 6-14　用户终端设备

（3）特点　北斗系统具有以下特点：

1）北斗系统空间部分采用三种轨道卫星组成的混合星座，与其他卫星导航系统相比，高轨卫星更多，抗遮挡能力强，尤其低纬度地区性能特点更为明显。

2）北斗系统提供多个频点的导航信号，能够通过多频信号组合使用等方式提高服务精度。

3）北斗系统创新融合了导航与通信能力，具有实时导航、快速定位、精确授时、位置报告和短报文通信服务五大功能。

4.GPS 的认知

（1）GPS 定位概述　卫星定位技术是利用人造地球卫星进行点位测量的技术，GPS 是一个由覆盖全球的 28 颗卫星组成的卫星系统。GPS 可以保证在任意时刻，地球上任意一点都可以同时观测到 4 颗卫星，以保证卫星可以采集到该观测点的经纬度和高度，实现导航、定位、授时等功能。GPS 可以用来引导飞机、船舶、车辆以及个人安全、准确地沿着选定的路线准时到达目的地，如图 6-15 所示。

（2）GPS 的组成　GPS 由空间部分、控制部分和用户部分组成，如图 6-16 所示。

图 6-15　GPS 定位示意图

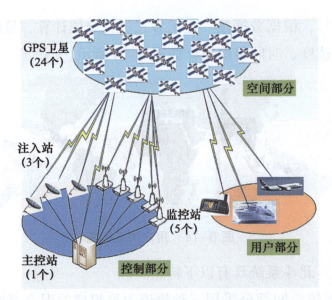

图 6-16　GPS 组成示意图

1）空间部分。GPS 空间部分主要由 28 颗 GPS 卫星构成，其中 24 颗工作卫星，4 颗备用卫星。24 颗卫星运行在 6 个轨道平面上，运行周期为 12h。此外，还有 4 颗有源备份卫星在轨运行。卫星的分布使得在全球任何地方、任何时间都可观测到 4 颗以上的卫星，并能保持良好定位解算精度的几何图像。这就提供了在时间上连续的全球导航能力。GPS 卫星产生两组电码，一组称为 C/A 码，一组称为 P 码（Procise Code，10123MHz）。P 码因频率较高，不易受干扰，定位精度高，因此受美国军方管制，并设有密码，一般民间无法解读，主要为美国军方服务。C/A 码在人为采取措施而刻意降低精度后，主要开放给民间使用。

2）控制部分。GPS 控制部分由 1 个主控站、5 个监控站和 3 个注入站组成，如图 6-17 所示。

①主控站。从各个监控站收集卫星数据，计算出卫星的星历和时钟修正参数等，并通过注入站注入卫星；向卫星发布指令，控制卫星，当卫星出现故障时，调度备用卫星。

②监控站。接收卫星信号，检测卫星运行状态，收集天气数据，并将这些信息传送给主控站。

③注入站。将主控站计算的卫星星历及时钟修正参数等注入卫星。

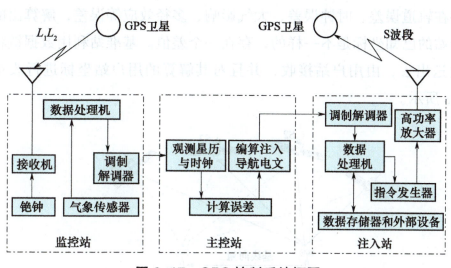

图 6-17　GPS 控制系统框图

3）用户部分。GPS 用户部分包含 GPS 接收器及相关设备。GPS 接收器主要由 GPS 芯片构成。如车载、船载 GPS 导航仪，内置 GPS 功能的移动设备，GPS 测绘设备等都属于 GPS 用户设备。

（3）GPS 卫星导航系统的特点

1）全球、全天候工作：能为用户提供连续、实时的三维位置、三维速度和精密时间，不受天气的影响。

2）定位精度高：单机定位精度优于 10m，采用差分定位，精度可达厘米级和毫米级。

3）功能多，应用广：随着人们对 GPS 认识的加深，GPS 不仅在测量、导航、测速、测时等方面得到更广泛的应用，而且其应用领域不断扩大。

（4）定位的分类　根据差分 GPS 基准站发送的信息方式可将差分 GPS 定位分为三类，即位置差分、伪距差分和载波相位差分。这三类差分方式的工作原理是相同的，即都是由基准站发送改正数，由用户站接收并对其测量结果进行改正，以获得精确的定位结果。不同的是，发送改正数的具体内容不一样，其差分定位精度也不同。

1）位置差分定位。位置差分定位是利用两台 GPS 接收机分别安置在基线的两端，同步观测相同的 GPS 卫星以确定基线端点在协议地球坐标系中的相对位置。利用基准站（设在坐标精确已知的点上）测定具有空间相关性的误差或其对测量定位结果的影响，供流动站改正其观测值或定位结果。但由于存在轨道误差、时钟误差、大气影响、多径效应等误差，解算出的坐标与基准站的已知坐标是不一样的，存在一个差值。基准站利用数据链将此改正数发送出去，由用户站接收，并且对其解算的用户站坐标进行改正，如图 6-18 所示。

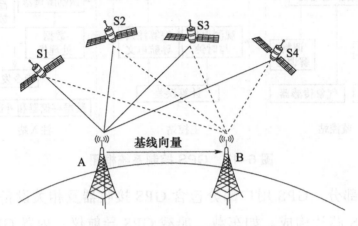

图 6-18　位置差分定位示意图

A 点为基准点单点定位位置，B 点为基准点已知位置，由于各种误差影响 A 与 B 相对位置，所以两点的位置一般不会重合，即为位置差分中的改正数矢量。设空间直角坐标为（$\Delta X, \Delta Y, \Delta Z$），大地坐标为（$\Delta B, \Delta L, \Delta H$），位置差分时基准站将两坐标的位置差分中的改正数矢量播发给用户。美国限制非特殊用户采取人为降低 GPS 定位精度的可用性选择政策（Selective Availability, SA）。它是通过控制卫星钟和报告不精确的卫星轨道信息来实现的，包括两项技术：第一项技术是将卫星星历中轨道参数的精度降低到 200m 左右；第二项技术是在 GPS 卫星的基准频率施加高抖动噪声信号，而且这种信号是随机的，从而导致测量出来的伪距误差增大。通过这两项技术，可以使民用 GPS 定位精度重新回到原先估计的误差水平，大约 100m。

2）伪距差分定位。伪距差分定位是利用每个 GPS 卫星均发送它所在的准确位置和信号起始时间，GPS 接收机接收到信号后，根据发送信号与收到信号的时间间隔来计算接收机到卫星之间的距离。当接收机计算出它与三颗以上卫星之间的距离后，它与地球表面所处位置就被确定下来。由于测距受大气延迟和接收机时钟与卫星时钟不同步的影响，这个距离不是几何距离，故称它为"伪距"。伪距观测量是卫星发射信号的时刻和信号到达接收机时刻之差，伪距差分定位示意图如图 6-19 所示。

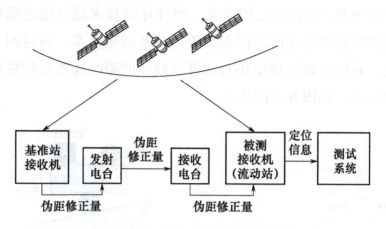

图 6-19　伪距差分定位示意图

3）载波相位差分定位。载波相位差分技术又称为实时动态（Real Time Kinematics，RTK）技术，建立在实时处理两个监测站的载波相位基础上。具体实现方法是利用在地面设置固定的基准站（要保证位置精准标定）来接收卫星信号为用户提供差分服务。其技术是用已知的基准站位置解算所收到信号中的误差，误差通过网络播发的形式传输给附近的用户接收机，由于参考基准站和接收机端的误差存在时间和空间上的相关性，在接收机端减掉误差后，得到的是一个高精度位置信息，能实时给出厘米级的定位结果。RTK 系统主要由三部分组成，分别是基准站（差分源）、差分数据通信链（网络、电台、4G/5G 等）和移动站（终端）。载波相位差分定位示意图如图 6-20 所示。

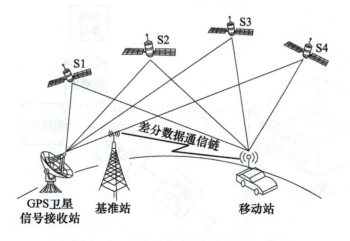

图 6-20　载波相位差分定位示意图

5. 惯性导航系统的认知

（1）惯性导航（INS）系统定义　惯性导航技术是利用陀螺仪和加速度计这两种惯性敏感器和相应的配套装置建立基准坐标系，通过测量载体加速度和角速度，利用牛顿运动定律自动推算载体的瞬时速度和位置信息而实现自主导航的技术，如图6-21所示。

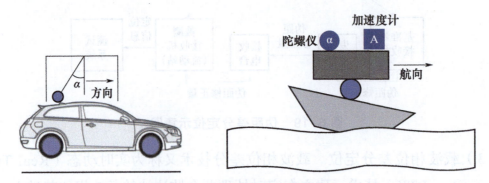

图6-21　惯性导航系统示意图

（2）组成　惯性导航系统主要由惯性测量装置、计算机、控制显示器等组成。

1）惯性测量装置（图6-22）包括加速度计和陀螺仪，又称惯性导航组合。3个自由度陀螺仪用来测量运动载体的角加速度；3个加速度计用来测量运动载体的加速度。

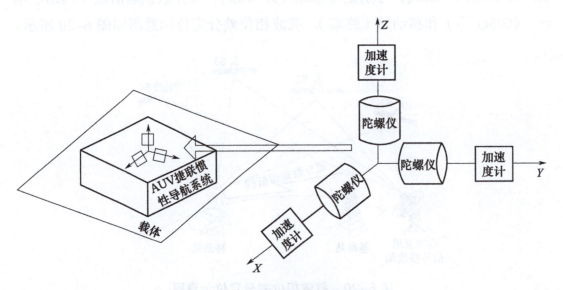

图6-22　惯性测量装置示意图

2）计算机根据测得的加速度信号计算出运动载体的速度和位置数据。

3）控制显示器显示各种导航参数。

（3）惯性导航系统的优点

1）由于它是不依赖于任何外部信息、也不向外部辐射能量的自主式系统，故隐蔽性好且不受外界电磁干扰的影响。

2）覆盖范围广，可全天候、全球、全时间地工作于空中、地球表面乃至水下。

3）能提供位置、速度、航向和姿态角数据，所产生的导航信息连续性好而且噪声低。

4）数据实时更新率高、短期精度和稳定性好。

（4）惯性导航系统的缺点

1）由于导航信息经过积分而产生，定位误差随时间而增大，长期精度差。

2）每次使用之前需要较长的初始对准时间。

3）设备的价格较昂贵。

4）不能给出时间信息。

（5）惯性导航系统的原理　惯性导航系统是一种不依赖于外部信息，也不向外部辐射能量的自主式导航系统。其基本工作原理是以牛顿力学定律为基础，通过测量载体在惯性参考系的加速度、角加速度，将它对时间进行一次积分，求得运动载体的速度、角速度，之后进行二次积分求得运动载体的位置信息，然后将其变换到导航坐标系，得到在导航坐标系中的速度、偏航角和位置信息等。其系统原理框图如图 6-23 所示。

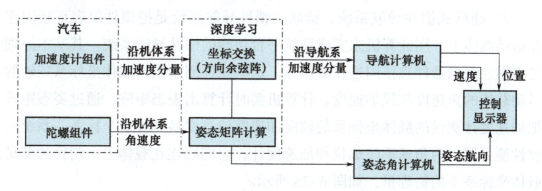

图 6-23　惯性导航系统原理框图

（6）惯性导航系统的分类　根据力学编排实现形式的不同，惯性导航系统分为平台式惯性导航系统和捷联式惯性导航系统。

1）平台式惯性导航系统。平台式惯性导航系统是将陀螺仪和加速度计等惯性元件通过万向支架角运动隔离系统与运动载体固定连接的惯性导航系统。根据建立的坐标系不同，又分为空间稳定和本地水平两种工作方式。

①空间稳定平台式惯性导航系统的台体相对惯性空间稳定，用以建立惯性坐标系。地球自转、重力加速度等影响由计算机加以补偿。这种系统多用于运载火箭的主动段和一些航天器上。

②本地水平平台式惯性导航系统的特点是台体的两个加速度计输入轴所构成的基准平面能够始终跟踪飞行器所在点的水平面（利用加速度计与陀螺仪组成舒拉回路来保证），因此加速度计不受重力加速度的影响。这种系统多用于沿地球表面做等速运动的飞行器（如飞机、巡航导弹等）。

在平台式惯性导航系统中，框架能隔离运动载体的角振动，仪表工作条件较好。平台能直接建立导航坐标系，计算量小，容易补偿和修正仪表的输出，但结构复杂，尺寸大，如图6-24所示。

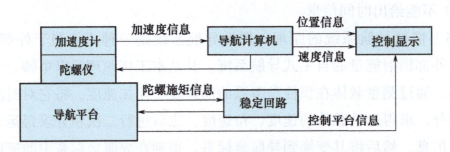

图6-24　平台式惯性导航系统框图

2）捷联式惯性导航系统。捷联式惯性导航系统是把惯性仪表直接固连在运动载体上，用计算机来完成导航平台功能的惯性导航系统。其基本原理是将惯性测量器件直接固连在载体上，这些元件测量出沿载体坐标系三轴的运动载体的角速度和线加速度，计算机实时计算出姿态矩阵，通过姿态矩阵把加速度计测量的载体坐标系的轴向加速度信息变换到导航坐标系。系统的惯性测量器件为角速率陀螺仪和加速度计，它们固连在载体上，测得的都是载体坐标系下的物理量，如图6-25所示。

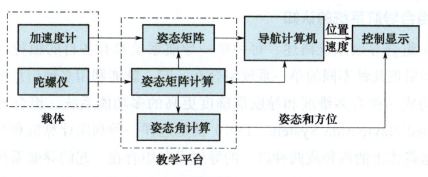

图 6-25 捷联式惯性导航系统框图

由于捷联式惯性导航系统具有可靠性高、功能强、重量轻、成本低、精度高以及使用灵活等优点，已经成为当今惯性导航系统发展的主流。不过，捷联式惯性导航系统也有自身的缺点，如惯性元件直接装在载体上，环境恶劣，对元件要求较高，坐标变换中计算量较大。捷联式惯性导航系统可分为一维捷联惯性导航系统和二维捷联惯性导航系统。

①一维捷联惯性导航系统是利用加速度计测量汽车沿道路运动的加速度，可以直接确定汽车的瞬时速度和从已知起始点行走的距离，如图 6-26 所示。

②二维捷联惯性导航系统是利用加速度计测量汽车沿公路运动的加速度，但是需要用陀螺测量汽车实时的角速度变化率信息，可以确定智能网联汽车瞬时速度和从已知起始点行走的距离，如图 6-27 所示。

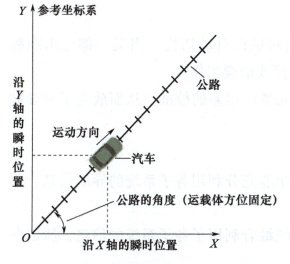

图 6-26 一维捷联惯性导航示意图

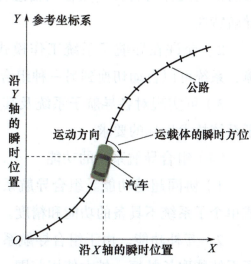

图 6-27 二维捷联惯性导航示意图

6. 组合导航系统的认知

（1）组合导航系统概述　每种单一导航系统都有各自的独特性能和局限性，如果把几种不同的单一系统组合在一起，就能利用多种信息源，互相补充，构成一种有多维度和导航准确度更高的多功能系统。组合导航系统（Integrated Navigation System，INS）就是这样一种利用计算机和数据处理技术将运载体上的两种或两种以上的导航设备组合在一起的导航系统。组合导航系统是用以解决导航定位、运动控制、设备标定对准等问题的信息综合系统，是网络化导航系统发展的必然趋势，具有高精度、高可靠性、高自动化程度的优点。

（2）组合导航系统的分类　按照导航组合方式划分，组合导航系统常见的类型有如下几种：

1）北斗与惯性导航系统组合。

2）GPS 与惯性导航系统组合。

3）双差分 GPS 与惯性导航系统组合。

（3）组合导航系统的优点　相比单一导航系统，组合导航系统具有以下优点：

1）能有效利用各导航子系统的导航信息，提高组合系统定位精度。例如，INS/GPS 组合导航系统能有效利用 INS 短时的精度保持特性以及 GPS 长时的精度保持特性，其输出信息特性均优于 INS 和 GPS 作为单一系统的导航特性。

2）允许在导航子系统工作模式间进行自动切换，当某一部分出现故障，系统可以自动切换到另一种组合模式继续工作。

3）可实现对各导航子系统及其元器件误差的校准，从而放宽了对导航子系统技术指标的要求。

（4）组合导航系统的功能

1）协同超越功能。组合导航系统能充分利用各子系统的导航信息，形成单个子系统不具备的功能和精度。

2）互补功能。由于组合导航系统综合利用了各子系统的信息，所以各子系统能取长补短，扩大使用范围。

3）裕度功能。各子系统感测同一信息源，使测量值冗余，提高了整个系统的可靠性。

（5）组合导航系统与其他导航系统的对比

组合导航系统与其他导航系统的对比见表6-1。

表6-1 组合导航系统与其他导航系统的对比

比较项目	惯性导航	卫星导航	组合导航
对卫星信号的依赖性	不依赖卫星信号	依赖卫星信号	无卫星信号时惯性导航系统仍能正常工作
工作时的隐蔽性	隐蔽性好，不受外界信息干扰	易受外界干扰	使用卫星导航时易受外界干扰
导航定位误差	随运动载体运行时间误差不断累积	误差与运动载体运行时间无关	惯性导航系统的误差可由卫星导航系统修正
能否提供载体的姿态、航向信息	可提供载体的姿态航向信息	单个终端无法提供载体姿态信息	能提供姿态信息
产品经济成本	价格昂贵	价格较低	价格较高

资讯小结

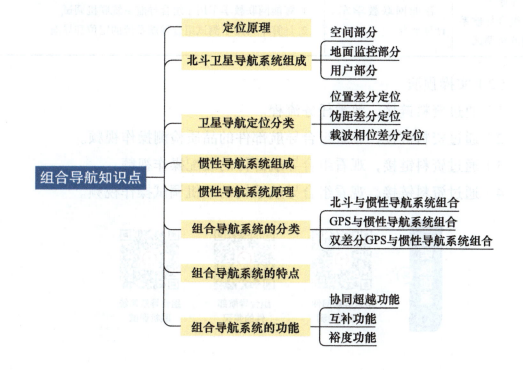

6.4 任务准备

1. 任务计划

(1) 工具设备介绍

子任务模块	设备工具	功能备注
任务1 组合导航部件的品质检测	组合导航装配实训台、直流电源、笔记本计算机、组合导航用户手册、无纺布、绝缘垫、工作手套等	1. 组合导航装配实训台用来检测组合导航部件 2. 笔记本计算机用于安装组合导航相关软件和查看相关数据 3. 组合导航用户手册用于查阅相关技术参数 4. 无纺布、绝缘垫、工作手套用于设备及人身安全防护
任务2 组合导航部件的装配	智能网联教学车、扭力扳手、固定螺栓、卷尺、数显水平仪、组合导航专用线束、数字万用表、无纺布、安全帽、绝缘垫和工作手套等	1. 智能网联教学车用于组合导航相关部件的装配 2. 扭力扳手、固定螺栓用于组合导航相关部件的安装固定 3. 卷尺、数显水平仪用于组合导航部件安装位置的测量 4. 组合导航专用线束用于连接组合导航部件及数据传输 5. 数字万用表用于测量车载电源电压和区分电源正负极性 6. 无纺布、安全帽、绝缘垫和工作手套用于人身安全防护
任务3 组合导航系统联机调试	智能网联教学车、计算平台	1. 智能网联教学车用于组合导航系统联机调试 2. 计算平台用于测试组合导航系统的定位和导航

(2) 实操预演

1) 通过资料链接,熟悉任务流程。

2) 通过资料链接,观看组合导航部件的品质检测操作视频。

3) 通过资料链接,观看组合导航部件的装配操作视频。

4) 通过资料链接,观看组合导航系统的联机调试操作视频。

实操预演 组合导航部件的品质检测 | 组合导航部件的装配 | 组合导航系统联机调试

2. 任务决策

通过对"实操预演"环节的视频学习，并经过分析与讨论后，列出完整的操作步骤。

步骤	任务 1 组合导航部件的品质检测	任务 2 组合导航部件的装配	任务 3 组合导航系统联机调试
1			
2			
3			
4			
5			
6			
7			
8			
9			
10			
…			

6.5 任务实施

任务 1　组合导航部件的品质检测

（1）前期准备

产品编号：		检查结果（根据实际情况在"□"打"√"）			
外形和外观检查	外箱包装	完整 □	变形 有 □　无 □	损坏 有 □　无 □	—
	外箱表面涂层	完整 □	脏污 有 □　无 □	划痕 有 □　无 □	—
	外箱图文信息	完整 □	缺失 有 □　无 □	图文清晰 有 □　无 □	不可辨认 有 □　无 □
组合导航部件检查	部件检查	完整 □	缺件 有 □　无 □	型号错误 有 □　无 □	—
	外观	完整 □	凹痕 有 □　无 □	划痕 有 □　无 □	裂缝 有 □　无 □
		变形 有 □　无 □	毛刺 有 □　无 □	污物 有 □　无 □	—
	产品图文	完整 □	标签缺失 有 □　无 □	丝印模糊 有 □　无 □	图文错误 有 □　无 □

（2）实操演练

实施步骤	标准/图示	操作要点
1 组合导航包装检查		查看外箱图文标识与出厂一致 □ 查看包装是否有 3C 标志、出厂地址、时间
2 组合导航部件外观检测	  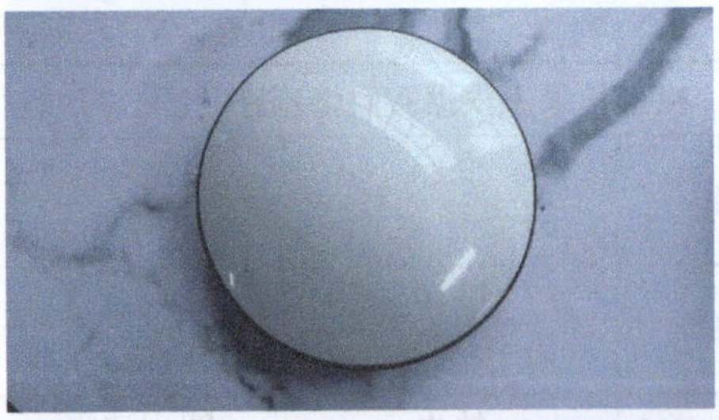 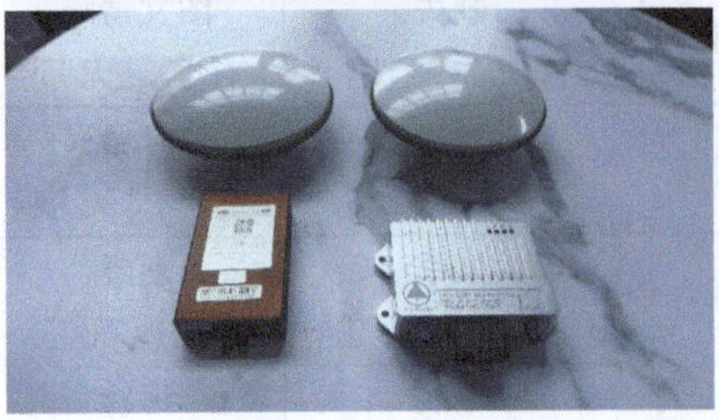	产品外观完好 □ 查看产品配件与装箱清单是否一致 □
3 6S	—	整理工具 □ 清理、复原设备 □ 场地清洁 □

学习任务 6　组合导航的装配调试

➢ 任务 2　组合导航部件的装配

（1）前期准备

组合导航系统装配准备和线束连接如图 6-28 和图 6-29 所示。

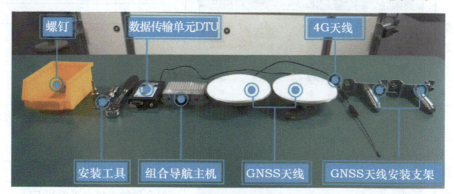

图 6-28　组合导航系统装配准备

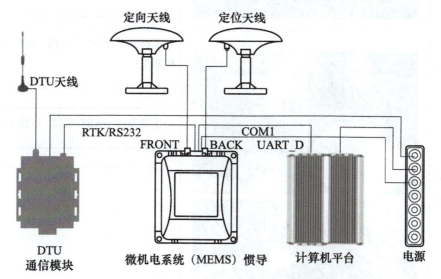

图 6-29　组合导航系统线束连接

（2）实操演练

实施步骤	标准／图示	操作要点
1 组合导航主机位置的测量		组合导航主机安装位置的确定 □

111

（续）

实施步骤	标准/图示	操作要点
1 组合导航主机位置的测量	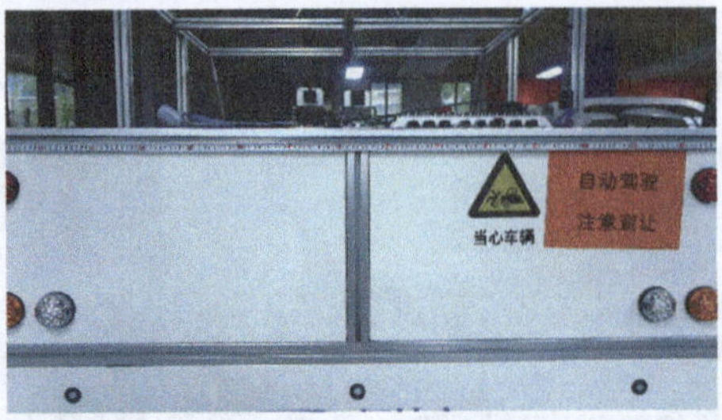	组合导航主机安装位置的测量 □
2 组合导航主机的安装	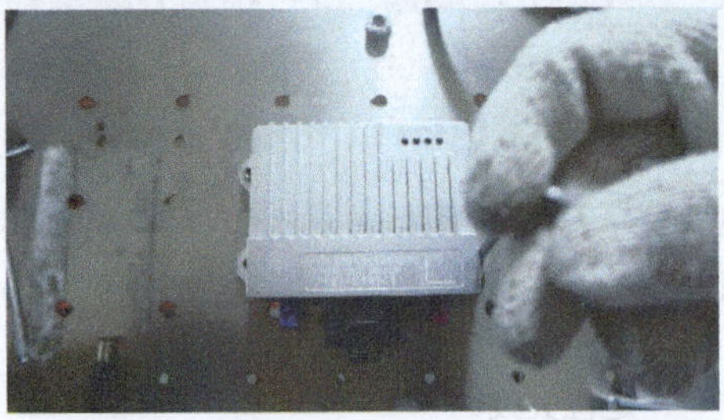	组合导航主机 X、Y、Z 坐标方向的确定 □ 组合导航主机水平安装 □
3 组合导航 GNSS 天线的安装		正确测量 GNSS 定向/定位天线安装位置 □ 正确安装 GNSS 定向/定位天线 □
4 组合导航 DTU 的安装		DTU 安装位置的确定 □ 正确安装 DTU □

（续）

实施步骤	标准/图示	操作要点
5 组合导航4G天线的安装		组合导航4G天线安装位置确定 □ _____ _____ 组合导航4G天线的安装 □ _____ _____
6 识读智能网联汽车组合导航系统实车布线图		正确识读智能网联汽车组合导航系统实车布线图 □ _____ _____
7 组合导航线束的铺设及固定		组合导航线束铺设位置和接口方向正确 □ _____ 组合导航线束固定位置和方法合理 □ _____ 组合导航线束端接富余量预留合理 □ _____
8 组合导航定向、定位天线的连接		定向天线与组合导航主机"FRONT"端口的正确连接 □ _____ _____ 定位天线与组合导航主机"BACK"端口的正确连接 □ _____ _____

（续）

实施步骤	标准/图示	操作要点
9 组合导航数据线缆的连接	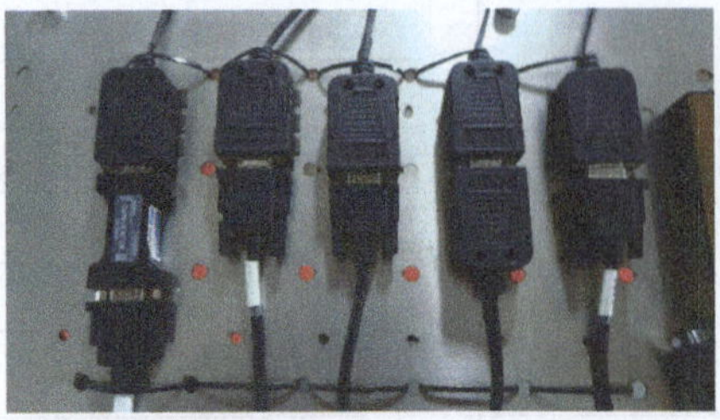	数据线缆与组合导航主机连接卡口方向正确 □ 数据线缆与计算平台端口的匹配和正确连接 □
10 组合导航DTU与4G天线的连接		正确选择DTU数据线端口 □ 正确连接4G天线 □
11 车载电源电压的测量		车载电源线正负极区分及标记 □ 车载电源电压测量及记录 □
12 组合导航主机、DTU与车载电源的连接		车载电源线正负极性连接正确 □
13 计算平台与车载电源的连接		计算平台电源线正负极性连接正确 □
14 6S	—	整理工具 □ 清理、复原设备 □ 场地清洁 □

任务 3　组合导航系统联机调试

（1）前期准备

组合导航系统联机调试装配图如图 6-30 所示。

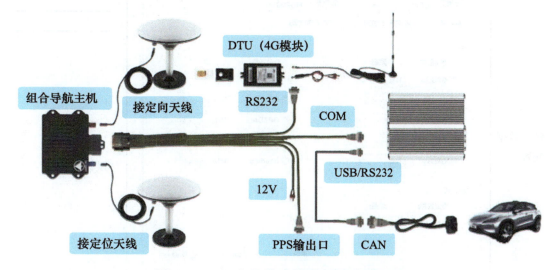

图 6-30　组合导航系统联机调试装配图

（2）实操演练

实施步骤	标准 / 图示	操作要点
1 打开组合导航上位机软件		正确操作组合导航软件 □
2 选择端口		正确选择串口通信端口 □

（续）

实施步骤	标准/图示	操作要点
3 输出数据配置	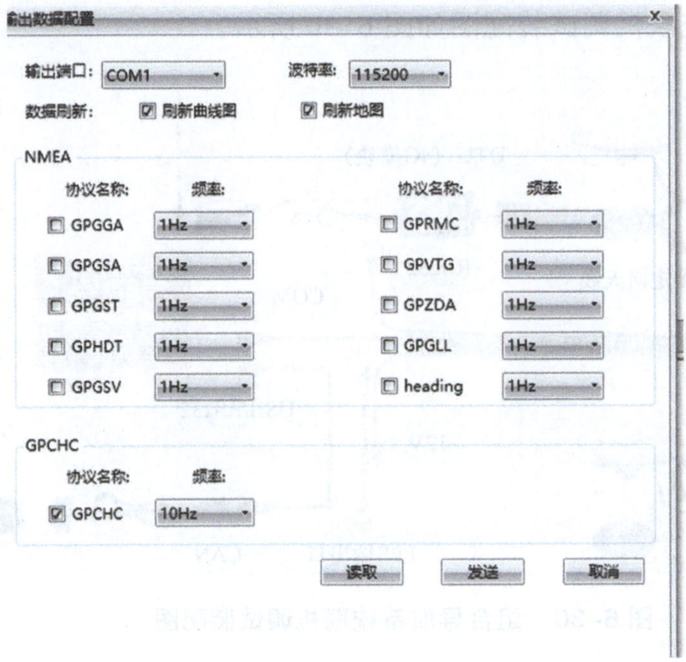 输出数据配置窗口：输出端口 COM1，波特率 115200，数据刷新（刷新曲线图、刷新地图）。NMEA 协议：GPGGA 1Hz、GPGSA 1Hz、GPGST 1Hz、GPHDT 1Hz、GPGSV 1Hz、GPRMC 1Hz、GPVTG 1Hz、GPZDA 1Hz、GPGLL 1Hz、heading 1Hz。GPCHC：☑ GPCHC 10Hz。按钮：读取、发送、取消。	正确配置输出参数 □
4 车辆参数配置	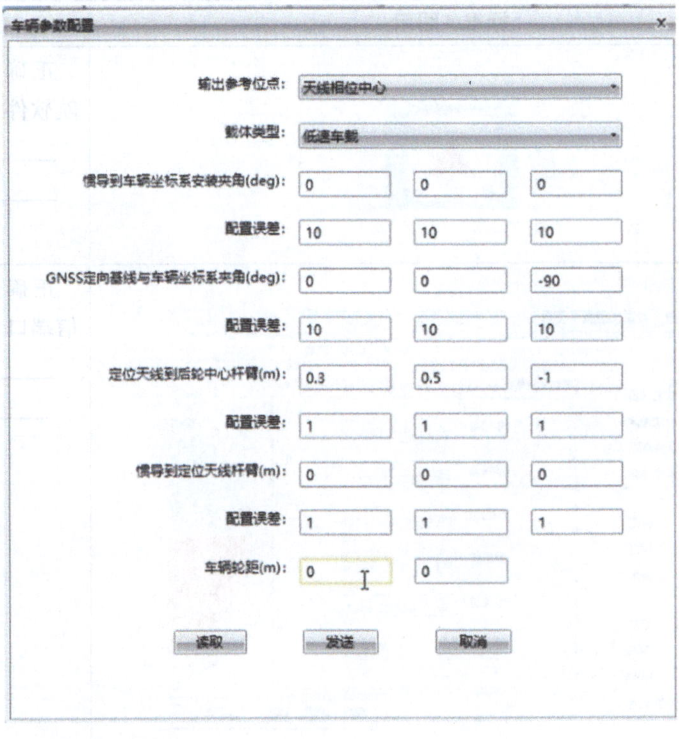 车辆参数配置窗口：输出参考位点：天线相位中心；载体类型：低速车辆；惯导到车辆坐标系安装夹角(deg)：0、0、0；配置误差：10、10、10；GNSS定向基线与车辆坐标系夹角(deg)：0、0、-90；配置误差：10、10、10；定位天线到后轮中心杆臂(m)：0.3、0.5、-1；配置误差：1、1、1；惯导到定位天线杆臂(m)：0、0、0；配置误差：1、1、1；车辆轮距(m)：0、0。按钮：读取、发送、取消。	正确配置车辆参数 □

（续）

实施步骤	标准/图示	操作要点
5 里程计配置	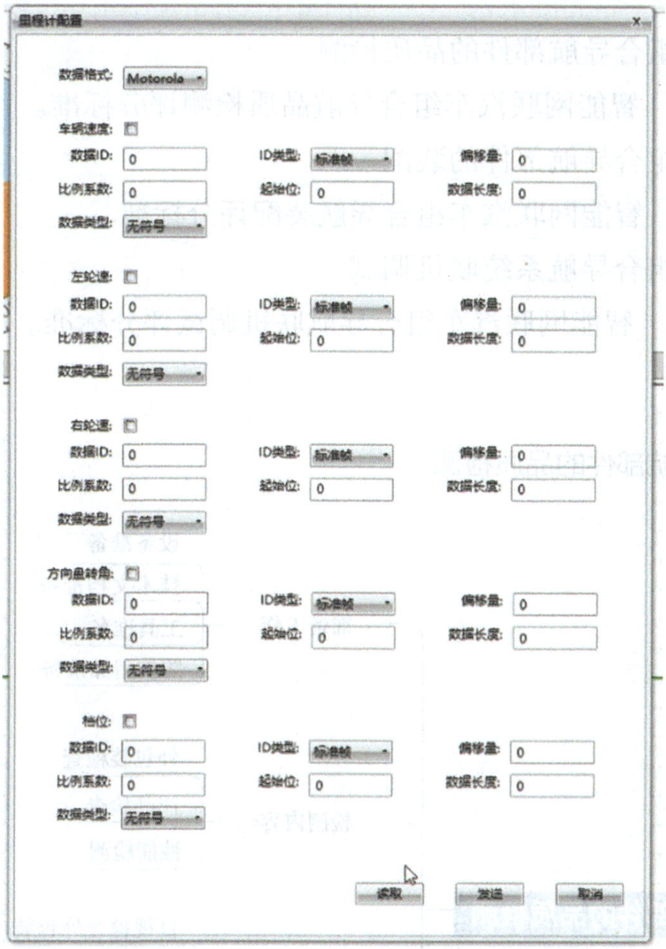 （里程计配置窗口）	正确配置里程计参数 □
6 网口参数配置	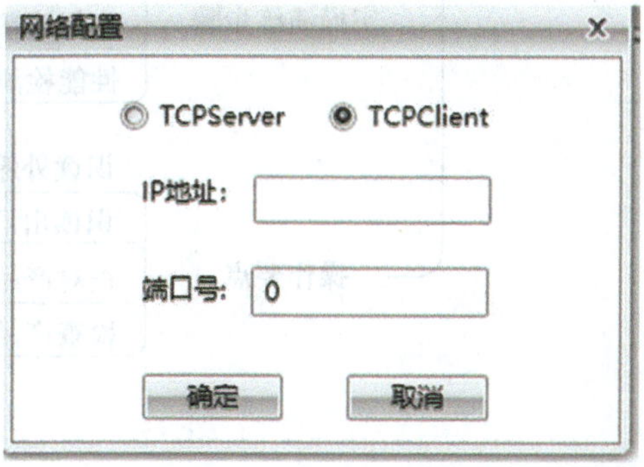 （网络配置窗口）	正确配置网口参数 □
7 6S		整理工具 □ 清理、复原设备 □ 场地清洁 □

6.6 任务检查与评价

1. 任务评价

（1）任务 1　组合导航部件的品质检测

见附录 K　智能网联汽车组合导航品质检测评分标准。

（2）任务 2　组合导航部件的装配

见附录 L　智能网联汽车组合导航装配评分标准。

（3）任务 3　组合导航系统联机调试

见附录 M　智能网联汽车组合导航联机调试评分标准。

2. 任务小结

◉ 任务 1　组合导航部件的品质检测

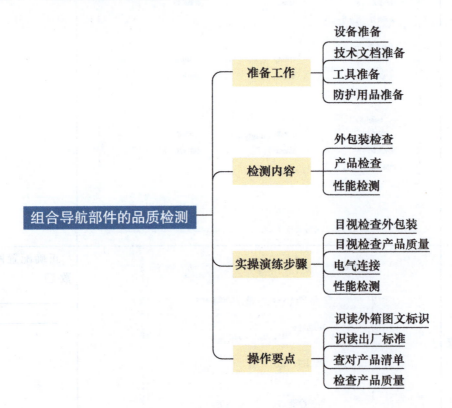

⊙ 任务 2　组合导航部件的装配

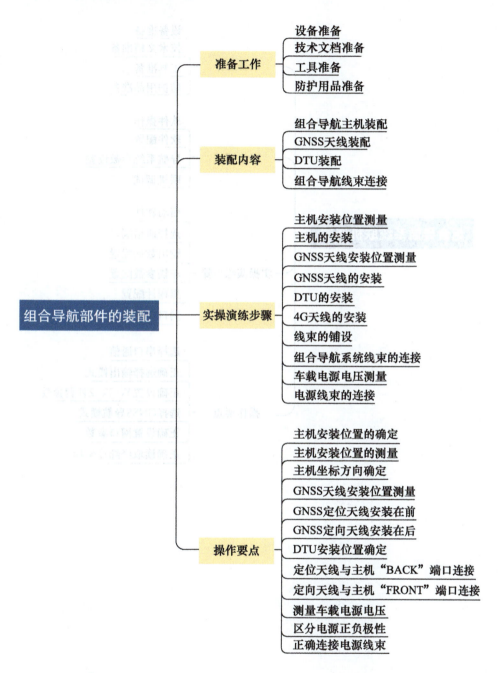

任务3　组合导航系统联机调试

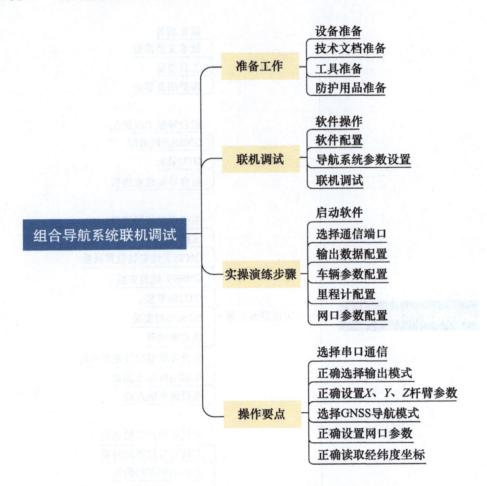

学习任务 7
超声波雷达的装配调试

7.1 任务导入

车厂技术人员通过检查车辆发现其前向超声波雷达损坏,需要拆卸超声波雷达部件进行维修检测。作为一名初级技术员,应如何完成超声波雷达的拆卸安装?

7.2 任务分析

知识目标	1. 认知超声波雷达的工作原理、结构及特点。 2. 熟悉超声波雷达的测距原理及分类。 3. 熟悉超声波雷达的技术参数。
技能目标	1. 能够熟练使用超声波雷达安装时所需的工具。 2. 能够熟练使用仪器设备进行超声波雷达的品质检测。 3. 能够独立完成超声波雷达安装并牢记注意事项。
素养目标	1. 能建立独立思考、处理和分析问题的能力。 2. 能树立持之以恒、精益求精的工作精神。 3. 能具有灵活思维、协同创新的精神。

7.3 任务资讯

1. 超声波雷达的概念

声音以波的形式传播称为声波,可分为次声波、可闻声波、超声波和微波,如图7-1所示。

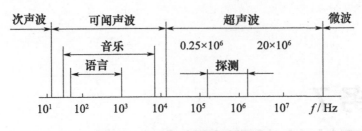

图 7-1 声波的频率界限图

1)次声波(图 7-2)。次声波是频率低于 20Hz 的声波。次声波的特点是波长较长、传播距离远、穿透力强,人耳听不到,但可与人体器官发生共振,7~8Hz 的次声波会引起人的恐怖感,动作不协调,甚至导致心脏停止跳动,因此,要避免次声波的产生。

2)可闻声波(图 7-3)。可闻声波是指频率在 20Hz~20kHz 之间,能为人耳所闻的机械波。例如,美妙的音乐可以使人心情愉悦。

图 7-2 次声波示意图　　　　　图 7-3 可闻声波示意图

3)超声波(图 7-4)。超声波是指频率大于 20kHz 的声波。人耳听不到超声波,但蝙蝠能发出和听见超声波,依靠超声波进行捕食。超声波与可闻声波不同,它可以被聚焦,具有能量集中的特点。超声波的指向性好,能量

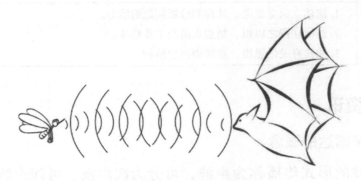

图 7-4 超声波示意图

集中，穿透能力强，在遇到两种介质的分界面时，能产生明显的反射和折射现象。超声波的频率越高，其声场指向性越好。超声波检测广泛应用在工业、国防、生物医学等方面，如超声波探伤仪、超声波诊断仪、超声波测距仪等。以超声波作为检测手段，必须发射超声波和接收超声波，具有这种功能的装置就是超声波传感器，也称为超声波雷达。

4）微波是指频率在300MHz~300GHz之间的电磁波，其对应的波长范围为0.1mm~1m。其中还可细分为分米波（0.3~3GHz）、厘米波（3~30GHz）、毫米波（30~300GHz）和亚毫米波（300~3000GHz）。由于频率高、波长短的特性，微波具有易于集聚成束、高度定向性以及直线传播的特性。其中，雷达就是利用电磁波的特性对目标进行探测和定位，从而获得有用信息。

2. 超声波雷达定义

超声波雷达是利用超声波的特性研制而成的传感器，是在超声波频率范围内将交变的电信号转换成声信号或外界声场中声信号的能量转换器件。超声波雷达信号如图7-5所示。

图7-5 超声波雷达信号

3. 超声波雷达组成

车载超声波雷达一般由超声波传感器、控制器和显示部分组成，如图7-6所示。

a）超声波传感器

b）控制器

c）显示部分

图7-6 超声波雷达组成

（1）超声波传感器 超声波传感器（简称探头）是发射以及接收超声波信号的装置，通过超声波传感器可以测量距离和探测位置。超声波传感器一般分为两大类,一类是用电气方式产生超声波,一类是用机械方式产生超声波,如图7-7所示。

(2)控制器 控制器是控制脉冲调制电路产生一定频率的脉冲,运算处理接收电路送来的信号,换算出距离值后将数据发送给显示器或其他设备,如图7-8所示。

图7-7 超声波传感器　　　　图7-8 超声波雷达控制器

(3)显示器 显示器接收主机传输的距离数据或报警信息,并根据设定的距离值提供不同级别的距离提示和报警信息,如图7-9所示。

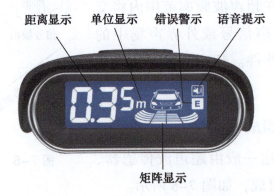

图7-9 超声波雷达显示器

4. 超声波雷达的特点

(1)超声波雷达的优点

1)超声波雷达的频率都相对固定。例如,汽车上用的超声波频率为40kHz。

2)超声波雷达结构简单、体积小、成本低、信息处理简单可靠、易于小型化与集成化,并且可以进行实时控制。

3)超声波雷达灵敏度较高。

4)超声波雷达抗环境干扰能力强,对天气变化不敏感。

5)超声波雷达可在室内、黑暗中使用。

(2)超声波雷达的缺点

1)超声波雷达探测距离短,一般为3~5m,因此应用范围受到限制。

2)超声波雷达适合于低速,在速度很高的情况下测量距离具有一定的局限性。

3)超声波有一定的扩散角,只能测量距离,不可以测量方位,因此只能在低速时使用,而且必须在汽车的前、后保险杠不同方位上安装多个超声波雷达。

4)对于低矮、圆锥、过细的障碍物或者沟坎,超声波雷达不容易探测到。

5)超声波的发射信号和余振信号都会对回波信号造成覆盖或者干扰,因此在低于某一距离后超声波雷达就会丧失探测功能,这就是普通超声波雷达探测有盲区的原因之一。若障碍物在盲区内,则系统无法探测到障碍物。因此,比较好的解决办法是在安装超声波雷达的同时安装摄像头。

5. 超声波雷达的测距原理

超声波发射头发出的超声波脉冲经媒质(空气)传到反射物表面,反射后通过媒质(空气)传到接收头,测出超声波脉冲从发射到接收所需的时间,根据媒质中的声速求得从超声波到反射物表面之间的距离。设超声波到反射物体表面的距离为L,超声波在空气中的传播速度为v(约为340m/s),从发射到接收所需的传播时间为t,当发射头和接收头之间的距离远小于超声波到反射物之间的距离时,则有$L=vt/2$。只要能测出传播时间,即可求出测量距离,如图7-10所示。

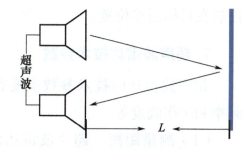

图7-10 超声波雷达测距原理示意图

6. 超声波雷达分类

超声波雷达在智能网联汽车领域主要应用于探测距离和范围。根据探测区域的大小，常见的超声波雷达有短距超声波雷达（UPA）和长距超声波雷达（APA）两大类。

（1）短距超声波雷达　检测范围约为 25~250cm，安装在车辆前后保险杠上，用于测量车辆前后障碍物的距离，一般前后保险杠各装配 4 个，如图 7-11 所示。

（2）长距超声波雷达　检测范围为 35~500cm，覆盖范围较广，方向性强，传播性能优于 UPA，不易受到其他超声波雷达的干扰，用于测量侧方障碍物的距离。一般安装于车辆左右侧面各 2 个，如图 7-12 所示。

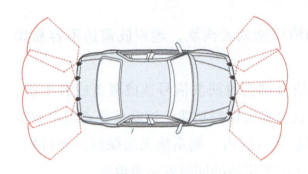

图 7-11　短距超声波雷达探测范围　　图 7-12　长距超声波雷达探测范围

一般汽车会配备前后向共 8 个 UPA，左右共 4 个 APA，从而实现自动泊车辅助功能。首先，通过超声波雷达搜索汽车周边环境，寻找其他停放汽车之间适当的停车位或地面车位线，然后根据驾驶员的选择，自动或手动确定目标车位，计算自动泊车轨迹后发出横向及纵向运动控制指令，引导汽车停放在目标泊车位置。

7. 超声波雷达技术参数

超声波雷达的技术参数主要有测量距离、测量精度、探测角度、工作频率和工作温度等。

（1）测量距离　超声波雷达的测量距离取决于其使用的波长和频率：波长越长，频率越小，测量距离越大。测量汽车前后障碍物的短距超声波雷达测量距离一般为 15~250cm；安装在汽车侧面，用于测量侧方障碍物距离的长距超声波雷达测量距离一般为 30~400cm，如图 7-13 所示。

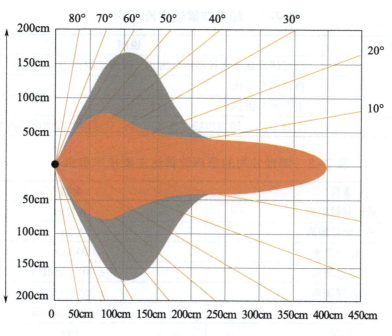

图 7-13 超声波雷达测距范围示意图

（2）测量精度　测量精度是指传感器测量值与真实值的偏差。超声波雷达测量精度主要受被测物体体积、表面形状、表面材料等影响。被测物体体积过小，表面形状凹凸不平、物体材料吸收声波等情况都会降低超声波传感器的测量精度。测量精度越高，感知信息越可靠。

（3）探测角度　由于超声波雷达发射出去的超声波具有一定的指向性，波束的截面类似椭圆形，因此探测的范围有一定限度。探测角度分为水平视场角和垂直视场角，水平视场角一般为 ±70°，垂直视场角一般为 ±35°。

（4）工作频率　工作频率直接影响超声波的扩散和吸收损失、障碍物反射损失、背景噪声，并直接决定传感器的尺寸。一般选择 40kHz 左右的频率，这样传感器方向性尖锐，且避开了噪声，提高了信噪比。虽然这样传播损失相对低频有所增加，但不会给发射和接收带来困难。

（5）工作温度　由于超声波雷达应用广泛，有的应用场景要求温度很高，有的应用场景要求温度很低，因此超声波雷达必须满足工作温度的要求，一般为 -40～85℃。超声波雷达主流厂商和博世公司的超声波雷达主要技术参数见表 7-1 和表 7-2。

表 7-1　超声波雷达主流厂商

厂商	说明
博世	已经研发到第六代超声波雷达，探测范围为 20~450cm
法雷奥	自动泊车系统
同致电子	主营倒车雷达
奥迪威	主营 UPA，国内市场占有率 30%，全球倒车雷达市场占有率为 9%

表 7-2　博世公司的超声波雷达主要技术参数

项目	参数
最小测量距离	0.15m
最大测量距离	5.5m
目标分辨率	315cm
水平视场角	±70°（35dB）
垂直视场角	±35°（35dB）
尺寸	44mm×26mm
质量	14g
工作温度	−40~85℃
电流消耗	7mA

8. 超声波雷达在智能网联汽车上的应用

（1）超声波雷达倒车辅助　超声波倒车雷达系统（简称倒车雷达）常用于侦测短距离的障碍物，一般安装在汽车的后保险杠或前后保险杠上，用以侦测前、后方的障碍物。当雷达侦测到离车最近的障碍物时发出警报声来警告驾驶员，帮助驾驶员"看到"前、后方的障碍物以保障车辆的安全，一般采用短距超声波传感器探头，如图 7-14 所示。

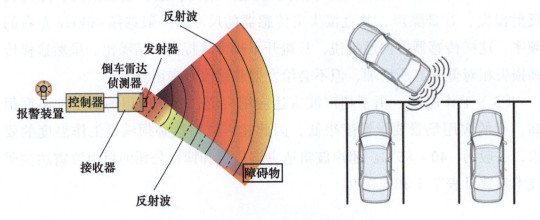

图 7-14　超声波雷达倒车示意图

（2）超声波雷达泊车库位检测　系统控制两个超声波雷达采集距离数据，根据泊车模式信息确定最小尺寸阈值，并对汽车速度进行积分，然后根据距离数据和速度积分数据检测停车位，再融合两个超声波雷达的检测结果确定有效停车位，最后根据最小距离数据确定障碍点位置坐标。泊车库位检测一般采用远程长距超声波传感器，如图7-15所示。

（3）超声波雷达智能泊车　智能网联汽车在泊车过程中会持续使用超声波传感器检测车位和障碍物，自动操作方向盘和制动器，实现自动泊车，如大众第三代超声波半自动泊车系统。泊车辅助系统通常使用5~12个超声波雷达，车后部的4个短距超声波雷达负责探测倒车时与障碍物之间的距离，两侧的长距超声波雷达负责探测停车位空间实现自动泊车功能，如图7-16所示。

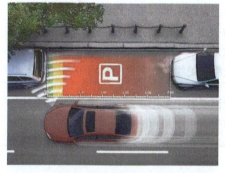

图7-15　超声波雷达泊车库位检测

图7-16　超声波雷达智能泊车

资讯小结

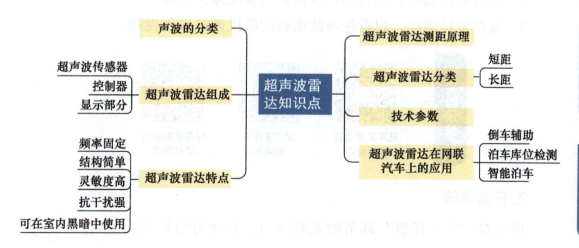

7.4 任务准备

1. 任务计划

（1）工具设备介绍

子任务模块	设备工具	功能备注
任务1 超声波雷达的品质检测	超声波雷达套件、直流电源、用户手册、无纺布、绝缘垫、工作手套等	1. 超声波雷达用于品质检测 2. 直流电源用于超声波雷达启动供电（0~36V可调） 3. 用户手册用于查阅相关技术参数 4. 无纺布、绝缘垫、工作手套用于设备及人身安全防护
任务2 超声波雷达的装配	智能网联教学车、超声波雷达套件、电钻、游标卡尺、扭力扳手、固定螺栓、卷尺、无纺布、安全帽、绝缘垫和工作手套等	1. 智能网联教学车用于超声波雷达部件的装配 2. 超声波雷达套件用于实物安装 3. 电钻用于超声波雷达探头开孔 4. 卷尺、游标卡尺用于孔距和孔径测量 5. 扭力扳手、固定螺栓用于测量、安装固定超声波雷达 6. 安全帽、绝缘垫和工作手套用于人身安全
任务3 超声波雷达的联机调试	智能网联教学车、计算平台	1. 智能网联教学车用于超声波雷达联机调试 2. 计算平台用于超声波雷达功能测试

（2）实操预演

1）通过资料链接，熟悉任务流程。

2）通过资料链接，观看超声波雷达的品质检测操作视频。

3）通过资料链接，观看超声波雷达的装配操作视频。

4）通过资料链接，观看超声波雷达的联机调试操作视频。

2. 任务决策

通过对"实操预演"环节的视频学习，并经过分析与讨论后，列出完整的操作步骤。

步骤	任务 1 超声波雷达的品质检测	任务 2 超声波雷达的装配	任务 3 超声波雷达的联机调试
1			
2			
3			
4			
5			
6			
7			
8			
9			
10			
…			

7.5 任务实施

任务 1 超声波雷达的品质检测

（1）前期准备

产品编号：		检查结果（根据实际情况在"□"打"√"）			
外形和外观检查	外箱包装	完整 □	变形 有 □ 无 □	损坏 有 □ 无 □	—
	外箱表面涂层	完整 □	脏污 有 □ 无 □	划痕 有 □ 无 □	—
	外箱图文信息	完整 □	缺失 有 □ 无 □	清晰 有 □ 无 □	不可辨认 有 □ 无 □
超声波雷达检查	部件检查	完整 □	缺件 有 □ 无 □	型号错误 有 □ 无 □	—
	外观	完整 □	脏污 有 □ 无 □	划痕 有 □ 无 □	破损 有 □ 无 □
		插接头锈迹 有 □ 无 □	—		
	产品图文	完整 □	标签缺失 有 □ 无 □	丝印模糊 有 □ 无 □	图文错误 有 □ 无 □

（2）实操演练

实施步骤	标准/图示	操作要点
1 超声波雷达包装检查		查看外箱图文标识与出厂一致 □ 查看包装是否有 3C 标志、出厂地址、时间 □
2 超声波雷达部件检查	 	产品外观完好 □ 查看产品配件与装箱清单是否一致 □
3 超声波雷达线束连接	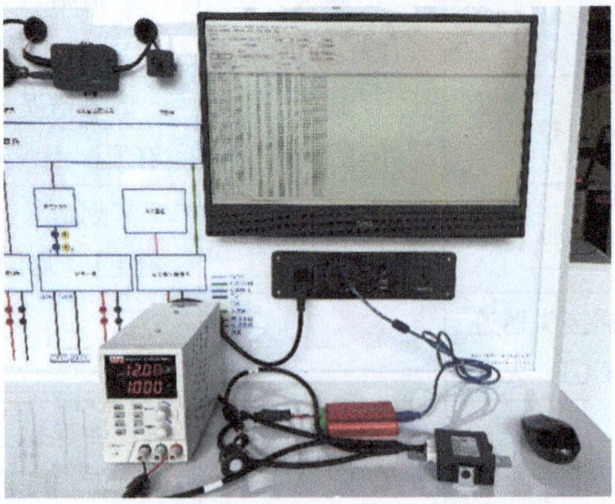	线束连接正确 □ 电源量程选择正确 □

（续）

实施步骤	标准/图示	操作要点
4 超声波雷达性能检测		测试测距是否准确 □ _____ _____
5 6S	—	整理工具 □ 清理、复原设备 □ 场地清洁 □

任务2　超声波雷达的装配

（1）前期准备

超声波雷达安装示意图、安装工具、线束连接如图 7-17~图 7-19 所示。

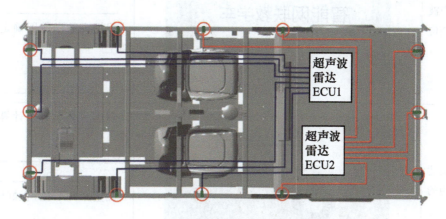

图 7-17　超声波雷达安装示意图

图 7-18　安装工具

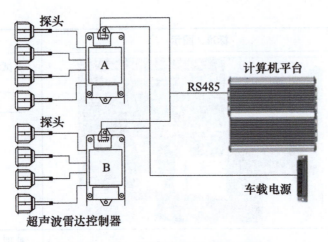

图 7-19 超声波雷达线束连接

（2）实操演练

实施步骤	标准/图示	操作要点
1 确定超声波雷达安装位置		根据安装示意图确定安装位置 □ 根据安装示意图确定安装高度 □
2 超声波雷达探头孔距的测量		根据安装示意图计算探头孔距 □ 测量探头孔距并做好标记 □
3 超声波雷达探头的开孔		测量超声波雷达探头外径 □ 选择匹配的开孔钻头 □

（续）

实施步骤	标准/图示	操作要点
4 超声波雷达探头的安装		超声波雷达探头标识箭头方向朝上 □ ———————— ————————
5 超声波雷达控制器的安装	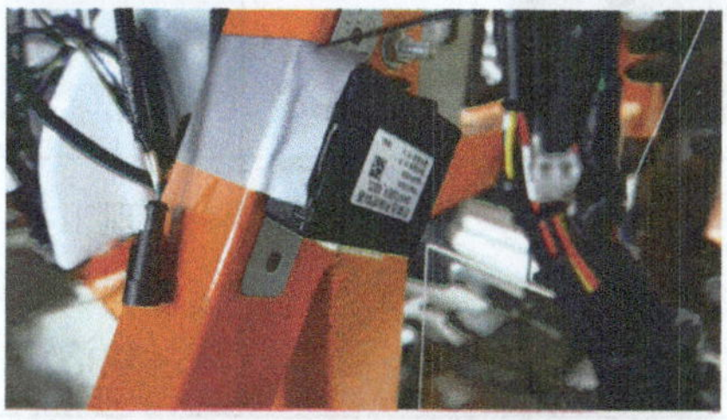	超声波雷达控制器接线端口方向与探头线束方向一致 □ ———————— ————————
6 超声波雷达探头线束的连接		超声波雷达探头线束按序连接 □ ———————— ————————
7 超声波雷达控制线束的连接	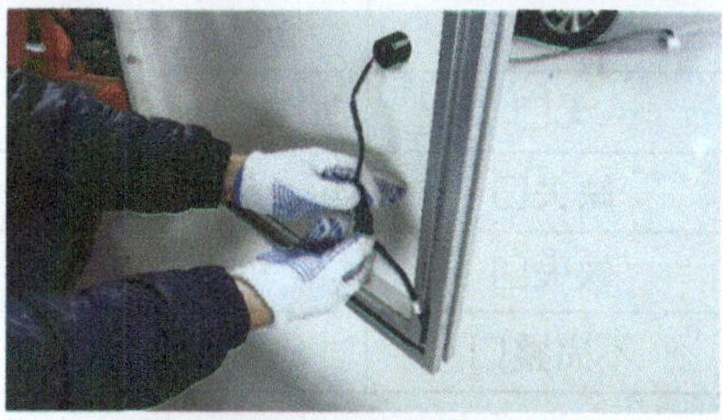	超声波雷达控制器接口与计算平台接口匹配 □ ———————— ————————
8 车载电源电压的测量		车载电源线正负极区分及标记 □ ———————— 车载电源电压测量及记录 □ ————————

实施步骤	标准/图示	操作要点
9 超声波雷达控制器与车载电源的连接	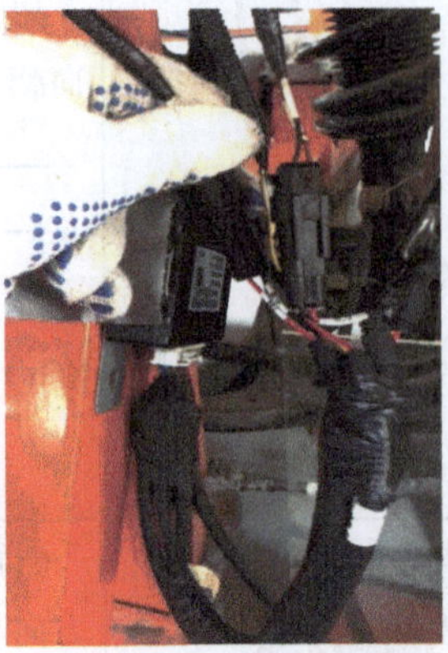	超声波雷达控制器电源线正负极连接正确 □
10 6S	—	整理工具 □ 清理、复原设备 □ 场地清洁 □

任务3　超声波雷达的联机调试

（1）前期准备

根据实际情况在"□"位置上打"√"				
工装着装	有□	无□	穿戴整洁□	穿戴不整洁□
安全围挡	有□	无□	放置正确□	放置不正确□
安全警示牌	有□	无□	放置正确□	放置不正确□
工具仪器	准备齐全□	缺失□	损坏□	—
零部件	准备齐全□	缺失□	损坏□	—
实训台架	准备完整□	不完整□	损坏□	—

（2）实操演练

实施步骤	标准/图示	操作要点
1 放置测试标定物		正确摆放角反射器位置 □

（续）

实施步骤	标准/图示	操作要点
2 打开超声波雷达上位机软件		正确使用超声波雷达测试软件 □
3 选择通道		正确选择通道 □
4 选择波特率	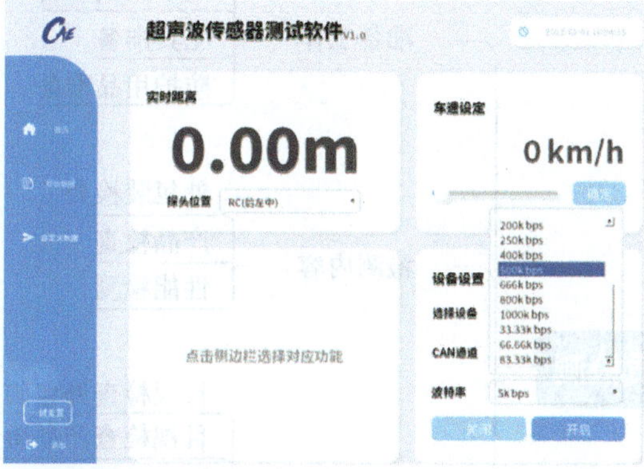	正确选择波特率 □
5 选择超声波探头位置	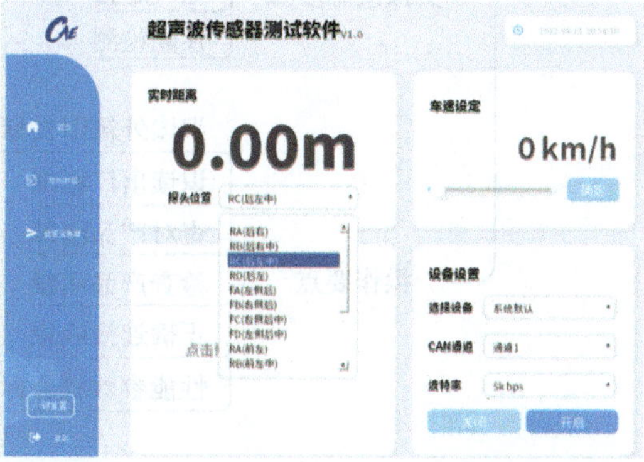	正确选择所测试探头位置、观察测试数据 □
6 6S	—	整理工具 □ 清理、复原设备 □ 场地清洁 □

7.6 任务检查与评价

1. 任务评价

（1）任务 1　超声波雷达的品质检测

见附录 N。

（2）任务 2　超声波雷达的装配

见附录 O。

（3）任务 3　超声波雷达的联机调试

见附录 P。

2. 任务小结

▶ 任务 1　超声波雷达的品质检测

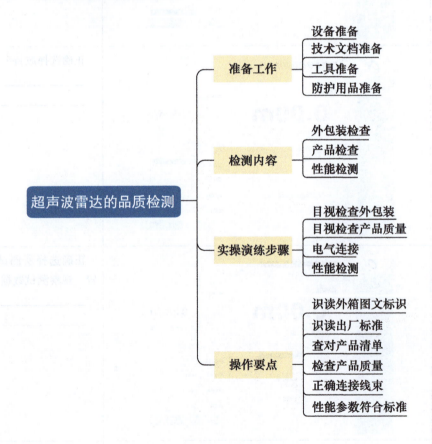

任务 2　超声波雷达的装配

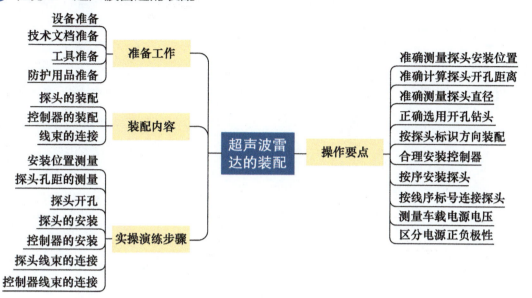

任务 3　超声波雷达的联机调试

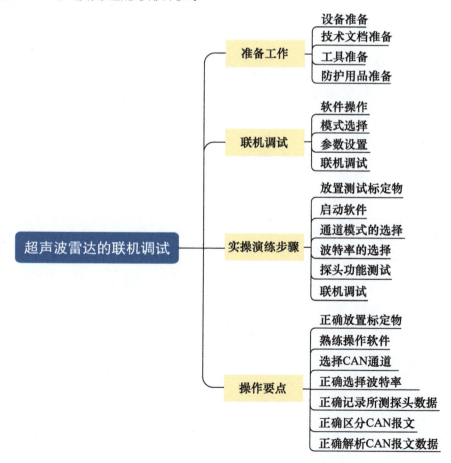

附录
评价标准

附录 A　智能网联汽车检测工具使用评分标准

学生姓名：＿＿＿＿＿＿　　　学生学号：＿＿＿＿＿＿　　　操作用时：＿＿＿＿＿＿ min

序号	作业内容	配分	作业项目	分值	扣分	备注
1	安全准备	15	□ 规范着装入场（着装整洁、穿工作鞋、不戴首饰、挽起长发等）	3		如不符合标准，则由现场考评员（裁判）提醒并扣分
			□ 正确设置安全围挡，放置安全警示牌	3		如未操作，则每项扣 1 分，最多扣 2 分
			检查工具仪器是否齐全 □ 数字万用表 □ 数字示波器 □ CAN 总线分析仪	5		如不齐全或不满足使用要求，则由考生报告现场考评员补齐或更换，仍需检查
			检测设备是否齐全 □ 适配电源 □ 智能网联教学车 □ 笔记本计算机	4		
2	检查确认检测前状态	5	□ 检查确认 220V 电源已安全断开	3		如未操作，则由现场考评员提醒并扣除对应项目分值
			□ 检查确认计算机平台处于关闭状态	2		
3	检测工具的使用	65	数字万用表的使用 □ 正确测量智能网联教学车车载蓄电池电压	3		如未操作，则由现场考评员提醒并扣除对应项目分值
			□ 正确测量车载低压蓄电池电压	3		
			□ 正确测量智能网联教学车 CAN_H 对地电压值	3		

（续）

序号	作业内容	配分	作业项目	分值	扣分	备注
3	检测工具的使用	65	☐ 正确测量智能网联教学车 CAN_L 对地电压值	3		如未操作，则由现场考评员提醒并扣除对应项目分值
			☐ 正确测量智能网联教学车 CAN 线终端电阻	5		
			☐ 正确测量智能网联教学车 CAN_H 对地电阻值	3		
			☐ 正确测量智能网联教学车 CAN_L 对地电阻值	3		
			数字示波器的使用 ☐ 正确调试频率为 1kHz，幅度为 0.5V 校准信号	5		
			☐ 正确测量智能网联教学车 CAN_H 波形	5		
			☐ 正确测量智能网联教学车 CAN_L 波形	5		
			☐ 正确使用双通道同时测量智能网联教学车 CAN_H、CAN_L 波形	5		
			CAN 总线分析仪的使用 ☐ 笔记本计算机与 CAN 总线分析仪的正确连接	5		
			☐ 正确设置 CAN 总线分析仪终端电阻	3		
			☐ 正确设置 "USB_CAN_TOOL" 软件参数	3		
			☐ 正确选择 "CAN 通道号"	3		
			☐ 正确选择合适 "波特率"	3		
			☐ 正确读取智能网联教学车毫米波 CAN 总线数据	5		
4	断开电源、拆卸连接	5	☐ 关闭、整理数字万用表	1		如未操作，则由现场考评员提醒并扣除对应项目分值
			☐ 关闭、整理数字示波器	2		
			☐ 断开、整理 CAN 总线分析仪	2		
5	恢复场地	10	☐ 整理恢复场地，做好 6S 管理（整理、整顿、清扫、清洁、素养、安全）	10		如未操作，则每项扣 2 分，最多扣 10 分
			合　计	100		

考核成绩：_____　　　　教师签字：_____

附录 B 智能网联汽车毫米波雷达品质检测评分标准

学生姓名：_____　　　　学生学号：_____　　　　操作用时：_____ min

序号	作业内容	配分	作业项目	分值	扣分	备注
1	安全准备	11	☐ 规范着装入场（着装整洁、穿工作鞋、不戴首饰、挽起长发等）	2		如不符合标准，则由现场考评员（裁判）提醒并扣分
			☐ 正确设置安全围挡，放置安全警示牌	2		如未操作，则每项扣 1 分，最多扣 2 分
			检查工具仪器是否齐全 ☐ 毫米波雷达 ☐ CAN 通信分析仪 ☐ 通信线 ☐ 电源适配器 ☐ 计算机（安装"USB_CAN_TOOL"软件）	5		如不齐全或不满足使用要求，则由考生报告现场考评员补齐或更换，仍需检查
			检查零部件是否齐全 ☐ 前向毫米波雷达 ☐ 前方角毫米波雷达	2		
2	检查确认检测前状态	6	☐ 检查确认 220V 电源已安全断开	3		如未操作，则由现场考评员提醒并扣除对应项目分值
			☐ 检查确认计算机处于关闭状态	3		
3	毫米波雷达品质检测	67	检查毫米波雷达外观 ☐ 前向毫米波雷达 ☐ 前方角毫米波雷达	3		如未操作，则每项扣 1 分，最多扣 2 分
			毫米波雷达端口接头管脚识别：管脚 1（　　）	3		
			毫米波雷达端口接头管脚识别：管脚 2（　　）	3		
			毫米波雷达端口接头管脚识别：管脚 5（　　）	3		
			毫米波雷达端口接头管脚识别：管脚 6（　　）	3		
			参数识读：距离精度（　　）m	3		
			参数识读：水平角度分辨率（　　）。	3		

（续）

序号	作业内容	配分	作业项目	分值	扣分	备注
3	毫米波雷达品质检测	67	参数识读：距离范围（　　）m	3		水平仪和角度尺未校准或不规范操作，每项扣1分，最多扣4分 工具或螺栓落地一次扣1分，传感器落地一次扣5分，最多扣10分
			参数识读：水平角度精度（　　）。	3		
			参数识读：探测范围（　　）	3		
			参数识读：工作频率（　　）	3		
			连接线束	6		
			启动计算机，打开"USB_CAN_TOOL"软件	4		
			选择设备信号"USB-CAN2.0"	4		
			选择设备操作"启动设备"	4		
			选择"CAN通道号"	4		
			选择合适"波特率"	4		
			单击确认提示"USB-CAN设备打开成功"	4		
			选择"打开CAN接收"，查看CAN的接收数据	4		
4	断开电源、拆卸连接	6	□关闭"USB_CAN_TOOL"软件，关闭计算机	2		如未操作，则由现场考评员提醒并扣除对应项目分值
			□断开电脑电源	1		
			□断开毫米波雷达、CAN通信分析仪、通信线、电源适配器和计算机	3		
5	恢复场地	10	□整理恢复场地，做好6S管理（整理、整顿、清扫、清洁、素养、安全）	10		如未操作，则每项扣2分，最多扣10分
			合计	100		

备注：工具使用的正确优先顺序为套筒→梅花扳手→呆扳手→活扳手。

考核成绩：_____　　　教师签字：_____

附录 C 智能网联汽车毫米波雷达装配评分标准

学生姓名：_____ 　　　学生学号：_____ 　　　操作用时：_____ min

序号	作业内容	配分	作业项目	分值	扣分	备注
1	安全准备	13	☐ 规范着装入场（着装整洁、穿工作鞋、不戴首饰、挽起长发等）	2		如不符合标准，则由现场考评员（裁判）提醒并扣分
			☐ 正确设置安全围挡，放置安全警示牌	2		如未操作，则每项扣1分，最多扣2分
			检查工具仪器是否齐全 ☐ 拆装工具 ☐ 水平仪 ☐ 角度尺	3		如不齐全或不满足使用要求，则由考生报告现场考评员补齐或更换，仍需检查
			检查零部件是否齐全（包括螺栓） ☐ 前向毫米波雷达 ☐ 前方角毫米波雷达	3		
			☐ 检查确认台架稳定（锁止台架万向轮）	3		
2	检查确认车辆与台架状态	9	☐ 检查确认台架 220V 电源已安全断开	3		如未操作，则由现场考评员提醒并扣除对应项目分值
			☐ 检查确认车辆起停开关置于 OFF 状态	3		
			☐ 检查确认低压 12V 蓄电池负极端子已安全断开	3		
3	安装毫米波雷达	52	检查毫米波雷达外观及针脚 ☐ 前向毫米波雷达 ☐ 前方角毫米波雷达	4		如未操作，则每项扣1分，最多扣2分
			☐ 确定前向毫米波雷达安装位置	4		
			安装毫米波雷达 ☐ 前向毫米波雷达 ☐ 前方角毫米波雷达	6		水平仪和角度尺未校准或不规范操作，每项扣1分，最多扣4分
			☐ 校正水平仪	6		
			☐ 用水平仪测量前向毫米波雷达，确保俯仰角为 $(2±0.3)°$	8		
			☐ 紧固前向毫米波雷达螺栓	4		
			☐ 校正角度尺	6		

（续）

序号	作业内容	配分	作业项目	分值	扣分	备注
3	安装毫米波雷达	52	□ 用角度尺测量前方角毫米波雷达，确保横向水平角为（60±2）°	6		工具或螺栓落地一次扣1分，传感器落地一次扣5分，最多扣10分
			□ 紧固前方角毫米波雷达螺栓	4		
			正确连接毫米波雷达插接件并检查牢靠性 □ 前向毫米波雷达 □ 前方角毫米波雷达	4		
4	拆卸毫米波雷达	16	拔下毫米波雷达插接件 □ 前向毫米波雷达 □ 前方角毫米波雷达	4		如未操作，则每项扣2分，最多扣4分
			拆下毫米波雷达 □ 前向毫米波雷达 □ 前方角毫米波雷达	4		工具或螺栓落地一次扣1分，传感器落地一次扣5分，最多扣10分
			□ 将拆下的螺栓放至螺钉盒中	4		
			□ 将毫米波雷达放在指定位置（工作台）	4		
5	恢复场地	10	□ 整理恢复场地，做好6S管理（整理、整顿、清扫、清洁、素养、安全）	10		如未操作，则每项扣2分，最多扣10分
			合　计	100		

备注：工具使用的正确优先顺序为套筒→梅花扳手→呆扳手→活扳手。

考核成绩：_____　　教师签字：_____

附录 D 智能网联汽车毫米波雷达联机调试评分标准

学生姓名：_____　　　学生学号：_____　　　操作用时：_____ min

序号	作业内容	配分	作业项目	分值	扣分	备注
1	安全准备	12	☐ 规范着装入场（着装整洁、穿工作鞋、不戴首饰、挽起长发等）	2		如不符合标准，则由现场考评员（裁判）提醒并扣分
			☐ 正确设置安全围挡，放置安全警示牌	2		如未操作，则每项扣1分，最多扣2分
			检查工具仪器是否齐全 ☐ 拆装工具 ☐ 水平仪 ☐ 角度尺 ☐ 联机通信线	4		如不齐全或不满足使用要求，则由考生报告现场考评员补齐或更换，仍需检查
			检查零部件是否齐全（包括螺栓） ☐ 前向毫米波雷达 ☐ 前方角毫米波雷达	2		
			☐ 检查确认台架稳定（锁止台架万向轮）	2		
2	检查确认车辆与台架状态	6	☐ 检查确认台架220V电源已安全断开	2		如未操作，则由现场考评员提醒并扣除对应项目分值
			☐ 检查确认车辆起停开关置于OFF状态	2		
			☐ 检查确认低压12V蓄电池负极端子已安全断开	2		
3	安装毫米波雷达	24	检查毫米波雷达外观及针脚 ☐ 前向毫米波雷达 ☐ 前方角毫米波雷达	2		如未操作，则每项扣1分，最多扣2分
			安装毫米波雷达 ☐ 前向毫米波雷达 ☐ 前方角毫米波雷达	4		水平仪和角度尺未校准或不规范操作，每项扣1分，最多扣4分 工具或螺栓落地一次扣1分，传感器落地一次扣5分，最多扣10分
			☐ 用水平仪测量前向毫米波雷达，确保俯仰角为（2±0.3）。	6		
			☐ 紧固前向毫米波雷达螺栓	2		
			☐ 用角度尺测量前方角毫米波雷达，确保横向水平角为（60±2）。	6		
			☐ 紧固前方角毫米波雷达螺栓	2		
			正确连接毫米波雷达插接件并检查牢靠性 ☐ 前向毫米波雷达 ☐ 前方角毫米波雷达	2		

147

（续）

序号	作业内容	配分	作业项目	分值	扣分	备注
4	联机调试	31	☐ 检查联机通信线外观和两端插头针脚	2		
			检查联机通信线两端接口针脚 ☐ 台架端 ☐ 车辆端	2		
			☐ 正确连接台架与车辆联机通信线	2		车辆端插接件未锁止，扣1分
			☐ 正确连接台架 220V 电源	2		
			☐ 正确连接低压 12V 蓄电池负极端子	2		
			☐ 打开车辆起停开关（处于 Ready 状态）	2		
			☐ 打开虚拟机软件，启动调试诊断软件	6		如联机失败考生未能自行解决，则报告考评员进行处理；因考生操作失误导致，扣除15分；因其他因素导致，不予扣分，继续操作
			确认毫米波雷达通信正常 ☐ 前向毫米波雷达 ☐ 前方角毫米波雷达	8		
			☐ 关闭调试软件和虚拟机，并关闭计算机	5		
5	断开车辆与台架电源	5	☐ 断开台架 220V 电源	1		如未操作，则由现场考评员提醒并扣除对应项目分值
			☐ 关闭车辆起停开关（置于 OFF 状态）	1		
			☐ 断开低压 12V 蓄电池负极端子	2		
			☐ 断开台架与车辆联机通信线	1		
6	拆卸毫米波雷达	12	拔下毫米波雷达插接件 ☐ 前向毫米波雷达 ☐ 前方角毫米波雷达	4		如未操作，则每项扣2分，最多扣4分
			拆下毫米波雷达 ☐ 前向毫米波雷达 ☐ 前方角毫米波雷达	4		工具或螺栓落地一次扣1分，传感器落地一次扣5分，最多扣10分
			☐ 将拆下的螺栓放至螺钉盒中	2		
			☐ 将毫米波雷达放在指定位置（工作台）	2		
7	恢复场地	10	☐ 整理恢复场地，做好 6S 管理（整理、整顿、清扫、清洁、素养、安全）	10		如未操作，则每项扣2分，最多扣10分
			合　计	100		

备注：工具使用的正确优先顺序为套筒→梅花扳手→呆扳手→活扳手。

考核成绩：_____　　教师签字：_____

附录 E 智能网联汽车视觉传感器的装配评分标准

学生姓名：_____ 学生学号：_____ 操作用时：_____ min

序号	作业内容	配分	作业项目	分值	扣分	备注
1	安全准备	16	□ 规范着装入场（着装整洁、穿工作鞋、不戴首饰、挽起长发等）	2		如不符合标准，则由现场考评员（裁判）提醒并扣分
			□ 正确设置安全围挡，放置安全警示牌	4		如未操作，则每项扣 1 分，最多扣 2 分
			检查工具仪器是否齐全 □ 拆装工具	4		如不齐全或不满足使用要求，则由考生报告现场考评员补齐或更换，仍需检查
			检查零部件是否齐全（包括螺栓） □ 视觉传感器 □ 视觉传感器安装支架	4		
			□ 检查确认台架稳定（锁止台架万向轮）	2		
2	检查确认车辆与台架状态	12	□ 检查确认台架 220V 电源已安全断开	4		如未操作，则由现场考评员提醒并扣除对应项目分值
			□ 检查确认车辆起停开关置于 OFF 状态	4		
			□ 检查确认低压 12V 蓄电池负极端子已安全断开	4		
3	安装视觉传感器	40	视觉传感器的品质检查 □ 外观结构 □ 表面涂层 □ 机械损伤 □ 功能标签	12		如未操作，则每项扣 1 分，最多扣 2 分
			□ 安装视觉传感器支架	6		未规范操作，每项扣 1 分，最多扣 4 分
			□ 安装视觉传感器	8		
			□ 紧固视觉传感器螺栓	6		工具或螺栓落地一次扣 1 分，传感器落地一次扣 5 分，最多扣 10 分
			□ 正确连接视觉传感器插接件并检查牢靠性	8		

（续）

序号	作业内容	配分	作业项目	分值	扣分	备注
4	断开车辆与台架电源	10	□ 断开台架 220V 电源	2		如未操作，则由现场考评员提醒并扣除对应项目分值
			□ 关闭车辆起停开关（置于 OFF 状态）	2		
			□ 断开低压 12V 蓄电池负极端子	4		
			□ 断开台架与车辆联机通信线	2		
5	拆卸视觉传感器	12	□ 拔下视觉传感器插接件	4		如未操作，则每项扣 2 分，最多扣 4 分
			□ 拆下视觉传感器	4		工具或螺栓落地一次扣 1 分，传感器落地一次扣 5 分，最多扣 10 分
			□ 将拆下的螺栓放至螺钉盒中	2		
			□ 将视觉传感器放在指定位置（工作台）	2		
6	恢复场地	10	□ 整理恢复场地，做好 6S 管理（整理、整顿、清扫、清洁、素养、安全）	10		如未操作，则每项扣 2 分，最多扣 10 分
	合 计			100		

备注：工具使用的正确优先顺序为套筒→梅花扳手→呆扳手→活扳手。

考核成绩：_____   教师签字：_____

附录 F 智能网联汽车视觉传感器的联机调试评分标准

学生姓名：_____   学生学号：_____   操作用时：_____ min

序号	作业内容	配分	作业项目	分值	扣分	备注
1	安全准备	16	☐ 规范着装入场（着装整洁、穿工作鞋、不戴首饰、挽起长发等）	2		如不符合标准，则由现场考评员（裁判）提醒并扣分
			☐ 正确设置安全围挡，放置安全警示牌	4		如未操作，则每项扣1分，最多扣2分
			检查工具仪器是否齐全 ☐ 拆装工具 ☐ 装备调试台架 ☐ 上位机软件	4		如不齐全或不满足使用要求，则由考生报告现场考评员补齐或更换，仍需检查
			检查零部件是否齐全 ☐ 视觉传感器	4		
			☐ 检查确认台架稳定（锁止台架万向轮）	2		
2	检查确认车辆与台架状态	12	☐ 检查确认台架 220V 电源已安全断开	4		如未操作，则由现场考评员提醒并扣除对应项目分值
			☐ 检查确认车辆起停开关置于 OFF 状态	4		
			☐ 检查确认低压 12V 蓄电池负极端子已安全断开	4		
3	联机调试	48	☐ 检查联机通信线外观和两端插头针脚	4		如未操作，则每项扣1分，最多扣2分
			检查联机通信线两端接口针脚 ☐ 台架端 ☐ 车辆端	4		
			☐ 正确连接台架与车辆联机通信线	4		未校准或不规范操作，每项扣1分，最多扣4分
			☐ 正确连接台架 220V 电源	6		
			☐ 正确连接低压 12V 蓄电池负极端子	4		
			☐ 打开车辆起停开关（处于 Ready 状态）	6		

（续）

序号	作业内容	配分	作业项目	分值	扣分	备注
3	联机调试	48	□ 打开虚拟机软件，启动调试诊断软件	4		工具或螺栓落地一次扣1分，传感器落地一次扣5分，最多扣10分
			□ 确认视觉传感器通信正常	4		
			□ 选择设备	4		
			□ 打开标尺和设备信息	4		
			□ 关闭调试软件和虚拟机，并关闭计算机	4		
4	断开车辆与台架电源	14	□ 断开台架220V电源	2		如未操作，则由现场考评员提醒并扣除对应项目分值
			□ 关闭车辆起停开关（置于OFF状态）	4		
			□ 断开低压12V蓄电池负极端子	4		
			□ 断开台架与车辆联机通信线	4		
5	恢复场地	10	□ 整理恢复场地，做好6S管理（整理、整顿、清扫、清洁、素养、安全）	10		如未操作，则每项扣2分，最多扣10分
	合　计			100		

备注：工具使用的正确优先顺序为套筒→梅花扳手→呆扳手→活扳手。

考核成绩：_____　　教师签字：_____

附录 G 智能网联汽车激光雷达品质检测评分标准

学生姓名：_____ 　　学生学号：_____ 　　操作用时：_____ min

序号	作业内容	配分	作业项目	分值	扣分	备注
1	安全准备	15	☐ 规范着装入场（着装整洁、穿工作鞋、不戴首饰、挽起长发等）	3		如不符合标准，则由现场考评员（裁判）提醒并扣分
			☐ 正确设置安全围挡，放置安全警示牌	3		如未操作，则按项目扣除分数
			☐ 数字万用表 ☐ 计算机（已安装软件） ☐ 卡尺 ☐ 电源适配器 ☐ 无纺布 ☐ 绝缘垫 ☐ 工作手套	5		如不齐全或不满足使用要求，则由考生报告现场考评员补齐或更换，仍需检查
			检查零部件是否齐全 ☐ 机械激光雷达 ☐ 固态激光雷达	4		
2	前期准备	5	☐ 检查工作台工具、设备	2		如未操作，则由现场考评员提醒并扣除对应项目分值
			☐ 测量电源电压	3		
3	激光雷达品质检测	65	激光雷达外包装检查 ☐ 外箱无破损、变形；文字、图形、符号无错误	3		如未操作，则按项目扣除分数
			☐ 外箱无脏污，文字、图形、符号清晰可辨认	3		
			☐ 外箱标有产品合格证、出厂日期等信息	3		
			☐ 箱唛内容无填写错误、漏写、多写、涂改	3		
			☐ 箱唛内容字迹清晰	3		
			激光雷达本体外观检测 ☐ 上盖/底壳无开裂、破损、异物、粘胶、段差、缝隙、凸出、凹陷等，无明显划痕（触感），无异色	3		

153

（续）

序号	作业内容	配分	作业项目	分值	扣分	备注
3	激光雷达品质检测	65	□ 划痕情况在允许标准内（有感划伤 $L < 10mm$，A 面 /B 面 /C 面不超过 2 条）	3		如未操作，则按项目扣除分数
			□ 底座 / 上盖与外罩之间装配到位	3		
			□ 产品无色差、飞边、异色点、易碎纸 PASS 标无破损	3		
			激光雷达性能检测 □ 查看 IP 地址与用户手册说明一致	5		
			□ 启动激光雷达软件	5		
			□ 正确选择激光雷达型号	5		
			□ 正确配置端口参数：2368	5		
			□ 查看点云数据	8		
			□ 查看静、动态障碍物点云数据显示正常	10		
4	拆卸设备整理工作台	5	□ 关闭电源，整理激光雷达部件	2		如未操作，则由现场考评员提醒并扣除对应项目分值
			□ 清点入箱	2		
			□ 关闭计算机	1		
5	恢复场地	10	□ 整理恢复场地 □ 6S 管理（整理、整顿、清扫、清洁、素养、安全）	10		如未操作，则每项扣 2 分，最多扣 10 分
	合　计			100		

考核成绩：_____　　教师签字：_____

附录 H 智能网联汽车激光雷达装配评分标准

学生姓名：_____   学生学号：_____   操作用时：_____ min

序号	作业内容	配分	作业项目	分值	扣分	备注
1	安全准备	15	☐ 规范着装入场（着装整洁、穿工作鞋、不戴首饰、挽起长发等）	3		如不符合标准，则由现场考评员（裁判）提醒并扣分
			☐ 正确设置安全围挡，放置安全警示牌	3		
			检查工具仪器是否齐全 ☐ 数字万用表 ☐ 扭力扳手 ☐ 卷尺 ☐ 线卡 ☐ 无纺布 ☐ 绝缘垫 ☐ 工作手套	5		如不齐全或不满足使用要求，则由考生报告现场考评员补齐或更换，仍需检查
			检查零部件是否齐全 ☐ 机械激光雷达 ☐ 装配线束 ☐ 支架配件	2		
			☐ 检查确认台架稳定（锁止台架万向轮）	2		
2	检查确认车辆与台架状态	6	☐ 检查确认台架 220V 电源已安全断开	2		如未操作，则由现场考评员提醒并扣除对应项目分值
			☐ 检查确认车辆起停开关置于 OFF 状态	2		
			☐ 检查确认低压 12V 蓄电池负极端子已安全断开	2		
3	安装激光雷达	54	安装激光雷达 ☐ 安装激光雷达万向节	3		如未操作，则按每项分值扣分；工具落地扣 1 分/次；部件落地扣 2 分/次
			☐ 确定激光雷达原点方向	5		
			☐ 安装激光雷达	5		
			☐ 紧固激光雷达螺栓	3		
			安装激光雷达支架 ☐ 确定激光雷达支架安装位置	5		

（续）

序号	作业内容	配分	作业项目	分值	扣分	备注
3	安装激光雷达	54	☐ 固定激光雷达支架	3		如未操作，则按每项分值扣分；工具落地扣1分/次；部件落地扣2分/次
			☐ 确定激光雷达适配器安装位置	3		
			☐ 安装激光雷达适配器	3		
			连接激光雷达线束 ☐ 正确合理铺设激光雷达线束	3		
			☐ 合理预留线束端接富余量	5		
			☐ 正确连接激光雷达本体与适配器线束	5		
			☐ 正确连接适配器与计算机平台线束	3		
			☐ 正确测量车载电源电压	3		
			☐ 正确连接电源线束	5		
4	拆卸激光雷达	15	☐ 关闭且断开电源线束	5		如未操作，则由现场考评员提醒并扣除对应项目分值；工具落地扣1分/次；部件落地扣2分/次
			☐ 拆卸激光雷达线束	2		
			☐ 拆卸激光雷达支架	2		
			☐ 拆卸激光雷达	2		
			☐ 拆卸万向节	2		
			☐ 将拆卸零部件放置在指定位置（工作台）	2		
5	恢复场地	10	☐ 整理恢复场地 ☐ 6S管理（整理、整顿、清扫、清洁、素养、安全）	10		如未操作，则每项扣2分，最多扣10分
	合 计			100		

备注：工具使用的正确优先顺序为套筒→梅花扳手→呆扳手→活扳手。

考核成绩：_____　　教师签字：_____

附录 I 智能网联汽车激光雷达安装位置标定评分标准

学生姓名：_____   学生学号：_____   操作用时：_____ min

序号	作业内容	配分	作业项目	分值	扣分	备注
1	安全准备	15	☐ 规范着装入场（着装整洁、穿工作鞋、不戴首饰、挽起长发等）	3		如不符合标准，则由现场考评员（裁判）提醒并扣分
			☐ 正确设置安全围挡，放置安全警示牌	3		
			检查工具仪器是否齐全 ☐ 数显水平仪　☐ 呆扳手 ☐ 卷尺　　　　☐ 无纺布 ☐ 绝缘垫　　　☐ 工作手套	5		如不齐全或不满足使用要求，则由考生报告现场考评员补齐或更换，仍需检查
			检查零部件是否齐全 ☐ 激光雷达部件	2		
			☐ 检查确认台架稳定（锁止台架万向轮）	2		
2	检查确认车辆与台架状态	10	☐ 检查确认台架 220V 电源已安全断开	5		如未操作，则由现场考评员提醒并扣除对应项目分值
			☐ 检查确认车辆起停开关置于 OFF 状态	5		
3	激光雷达安装位置标定	65	激光雷达安装坐标位置标定 ☐ 确定激光雷达参考坐标原点	10		如未操作，则按每项分值扣分
			☐ X 坐标轴向参数的测量标定	5		
			☐ Y 坐标轴向参数的测量标定	5		
			☐ Z 坐标轴向参数的测量标定	5		
			激光雷达姿态调节标定 ☐ 激光雷达俯仰角标定	10		
			☐ 激光雷达倾斜角标定	10		
			☐ 激光雷达航向角标定	10		
			☐ 紧固激光雷达	10		
4	恢复场地	10	☐ 整理恢复场地 ☐ 6S 管理（整理、整顿、清扫、清洁、素养、安全）	10		如未操作，则每项扣 2 分，最多扣 10 分
			合　计	100		

备注：工具使用的正确优先顺序为套筒→梅花扳手→呆扳手→活扳手。

考核成绩：_____   教师签字：_____

附录 J 智能网联汽车激光雷达联机调试评分标准

学生姓名：_____   学生学号：_____   操作用时：_____ min

序号	作业内容	配分	作业项目	分值	扣分	备注
1	安全准备	15	□ 规范着装入场（着装整洁、穿工作鞋、不戴首饰、挽起长发等）	3		如不符合标准，则由现场考评员（裁判）提醒并扣分
			□ 正确设置安全围挡，放置安全警示牌	3		
			检查工具仪器是否齐全 □ 笔记本计算机 □ 实训车 □ 数显角度仪 □ 无纺布 □ 绝缘垫 □ 工作手套	5		如不齐全或不满足使用要求，则由考生报告现场考评员补齐或更换，仍需检查
			检查零部件是否齐全 □ 激光雷达 □ 调测数据线	2		
			□ 检查确认台架稳定（锁止台架万向轮）	2		
2	检查确认车辆与台架状态	5	□ 检查确认台架 220V 电源已安全断开	2		如未操作，则由现场考评员提醒并扣除对应项目分值
			□ 检查确认车辆起停开关置于 OFF 状态	3		
3	联机调试激光雷达	70	查看激光雷达 IP 地址 □ 笔记本计算机与激光雷达的联机	10		如未操作，则按每项分值扣分
			□ 正确使用 wireshark 软件抓取激光雷达 IP	5		
			□ 正确辨识激光雷达 IP 地址	8		
			□ 进入计算机正确配置激光雷达 IP 地址	8		
			设置激光雷达参数 □ 正确设置激光雷达性能参数	6		
			□ 正确查看激光雷达点云数据	5		

（续）

序号	作业内容	配分	作业项目	分值	扣分	备注
3	联机调试激光雷达	70	☐ 正确辨识激光雷达 Y 轴正方向	5		如未操作，则按每项分值扣分
			☐ 正确使用角度测量仪测量夹角参数	8		
			☐ 正确使用四元数转换工具转换参数	5		
			☐ 正确修改激光雷达航向角四元数参数	5		
			☐ 重启激光雷达，查看相关参数	5		
4	恢复场地	10	☐ 整理恢复场地 ☐ 6S 管理（整理、整顿、清扫、清洁、素养、安全）	10		如未操作，则每项扣 2 分，最多扣 10 分
			合　计	100		

考核成绩：_____　　教师签字：_____

附录 K 智能网联汽车组合导航品质检测评分标准

学生姓名：_____   学生学号：_____   操作用时：_____ min

序号	作业内容	配分	作业项目	分值	扣分	备注
1	安全准备	15	☐ 规范着装入场（着装整洁、穿工作鞋、不戴首饰、挽起长发等）	3		如不符合标准，则由现场考评员（裁判）提醒并扣分
			☐ 正确设置安全围挡，放置安全警示牌	3		如未操作，则按项目扣除分数
			☐ 数字万用表 ☐ 绝缘垫 ☐ 工作手套 ☐ 无纺布	5		如不齐全或不满足使用要求，则由考生报告现场考评员补齐或更换，仍需检查
			检查零部件是否齐全 ☐ 组合导航部件	4		
2	前期准备	5	☐ 检查工作台工具、设备	2		如未操作，则由现场考评员提醒并扣除对应项目分值
			☐ 测量直流电源电压	3		
3	组合导航品质检测	65	组合导航部件包装检查 ☐ 外箱无破损、变形；文字、图形、符号无错误	4		如未操作，则按项目扣除分数
			☐ 外箱无脏污，文字、图形、符号清晰可辨认	3		
			☐ 外箱标有产品合格证、出厂日期等信息	3		
			☐ 箱唛内容无填写错误、漏写、多写、涂改	5		
			☐ 箱唛内容字迹清晰	5		
			组合导航本体外观检测 ☐ 无变形、毛刺等缺陷等	5		
			☐ 表面层无起泡、裂纹、脱落	5		
			☐ 表面无划痕、碰撞	5		
			☐ 金属件无锈蚀及其他机械损伤	5		
			☐ 数据线接口无锈斑、氧化	5		
			☐ 接口针脚无缺失、氧化、下陷	5		

（续）

序号	作业内容	配分	作业项目	分值	扣分	备注
3	组合导航品质检测	65	□ GNSS 天线表面无划痕、裂纹、污物等	5		如未操作，则按项目扣除分数
			□ GNSS 天线线束接口无锈斑	5		
			□ GNSS 天线接口针脚无缺失、氧化、下陷	5		
4	整理设备、工作台	5	□ 清点组合导航部件	3		如未操作，则由现场考评员提醒并扣除对应项目分值
			□ 清洁入箱	2		
5	恢复场地	10	□ 整理恢复场地 □ 6S 管理（整理、整顿、清扫、清洁、素养、安全）	10		如未操作，则每项扣 2 分，最多扣 10 分
			合　计	100		

考核成绩：_____　　教师签字：_____

附录 L 智能网联汽车组合导航装配评分标准

学生姓名：_____   学生学号：_____   操作用时：_____ min

序号	作业内容	配分	作业项目	分值	扣分	备注
1	安全准备	15	□ 规范着装入场（着装整洁、穿工作鞋、不戴首饰、挽起长发等）	3		如不符合标准，则由现场考评员（裁判）提醒并扣分
			□ 正确设置安全围挡，放置安全警示牌	3		
			检查工具仪器是否齐全 □ 数字万用表 □ 扭力扳手 □ 卷尺 □ 数显水平仪 □ 无纺布 □ 绝缘垫 □ 工作手套	5		如不齐全或不满足使用要求，则由考生报告现场考评员补齐或更换，仍需检查
			检查零部件是否齐全 □ 组合导航 □ DTU □ 4G 天线	2		
			□ 检查确认台架稳定（锁止台架万向轮）	2		
2	检查确认车辆与台架状态	6	□ 检查确认台架 220V 电源已安全断开	2		如未操作，则由现场考评员提醒并扣除对应项目分值
			□ 检查确认车辆起停开关置于 OFF 状态	2		
			□ 检查确认低压 12V 蓄电池负极端子已安全断开	2		
3	安装组合导航部件	54	安装组合导航主机 □ 确定组合导航主机安装位置	2		如未操作，则按每项分值扣分；工具落地扣 1 分 / 次；部件落地扣 2 分 / 次
			□ 确定组合导航主机坐标方向	5		
			□ 正确安装组合导航主机	2		
			□ 使用水平仪调节组合导航主机	5		
			□ 紧固组合导航主机螺栓	2		
			安装 GNSS 天线 □ 确定定位 / 定向 GNSS 天线安装位置	2		

（续）

序号	作业内容	配分	作业项目	分值	扣分	备注
3	安装组合导航部件	54	□ 正确安装定向（前）GNSS 天线	3		如未操作，则按每项分值扣分；工具落地扣 1 分/次；部件落地扣 2 分/次
			□ 正确安装定位（后）GNSS 天线	3		
			安装 DTU、4G 天线 □ 确定 DTU 安装位置	3		
			□ 正确安装 DTU	2		
			□ 确定 4G 天线安装位置	2		
			□ 正确安装 4G 天线	2		
			连接组合导航线束 □ 正确合理铺设组合导航线束	3		
			□ 合理预留线束端接富余量	3		
			□ 正确连接组合导航与 GNSS 天线线束	3		
			□ 正确连接组合导航与计算机平台线束	2		
			□ 正确连接 DTU 与 4G 天线	2		
			□ 正确连接 DTU 与组合导航线束	2		
			□ 正确测量车载电源电压	3		
			□ 正确连接电源线束	3		
4	拆卸组合导航	15	□ 关闭且断开电源线束	3		如未操作，则由现场考评员提醒并扣除对应项目分值；工具落地扣 1 分/次；部件落地扣 2 分/次
			□ 拆卸组合导航部件线束	2		
			□ 拆卸组合导航部件	3		
			□ 拆卸 GNSS 天线	2		
			□ 拆卸 DTU	2		
			□ 将拆卸零部件放置在指定位置（工作台）	3		
5	恢复场地	10	□ 整理恢复场地 □ 6S 管理（整理、整顿、清扫、清洁、素养、安全）	10		如未操作，则每项扣 2 分，最多扣 10 分
			合　计	100		

备注：工具使用的正确优先顺序为套筒→梅花扳手→呆扳手→活扳手。

考核成绩：_____　　　　教师签字：_____

附录 M 智能网联汽车组合导航联机调试评分标准

学生姓名：_____　　　学生学号：_____　　　操作用时：_____ min

序号	作业内容	配分	作业项目	分值	扣分	备注
1	安全准备	15	☐ 规范着装入场（着装整洁、穿工作鞋、不戴首饰、挽起长发等）	3		如不符合标准，则由现场考评员（裁判）提醒并扣分
			☐ 正确设置安全围挡，放置安全警示牌	3		
			检查工具仪器是否齐全 ☐ 计算机平台 ☐ 实训车 ☐ 无纺布 ☐ 绝缘垫 ☐ 工作手套	5		如不齐全或不满足使用要求，则由考生报告现场考评员补齐或更换，仍需检查
			检查零部件是否齐全 ☐ 组合导航 ☐ 调测数据线	2		
			☐ 检查确认台架稳定（锁止台架万向轮）	2		
2	检查确认车辆与台架状态	5	☐ 检查确认台架 220V 电源已安全断开	2		如未操作，则由现场考评员提醒并扣除对应项目分值
			☐ 检查确认车辆起停开关置于 OFF 状态	3		
3	联机调试组合导航系统	70	启动组合导航上位机软件 ☐ 计算机平台与组合导航的联机	5		如未操作，则按每项分值扣分
			☐ 正确使用操作组合导航软件	5		
			☐ 正确选择串口通信端口	8		
			☐ 正确配置输出参数	8		
			设置组合导航系统参数 ☐ 正确设置 X、Y、Z 三个轴向的杆臂参数	15		
			☐ 正确选择导航模式	5		

165

（续）

序号	作业内容	配分	作业项目	分值	扣分	备注
3	联机调试组合导航系统	70	☐ 正确设置网口参数	8		如未操作，则按每项分值扣分
			☐ 启动组合导航系统	5		
			☐ 正确识读组合导航经纬度	6		
			☐ 正确查看导航卫星数量	5		
4	恢复场地	10	☐ 整理恢复场地 ☐ 6S管理（整理、整顿、清扫、清洁、素养、安全）	10		如未操作，则每项扣2分，最多扣10分
			合　计	100		

备注：工具使用的正确优先顺序为套筒→梅花扳手→呆扳手→活扳手。

考核成绩：_____　　教师签字：_____

附录 N   智能网联汽车超声波雷达品质检测评分标准

学生姓名：_____　　学生学号：_____　　操作用时：_____ min

序号	作业内容	配分	作业项目	分值	扣分	备注
1	安全准备	15	☐ 规范着装入场（着装整洁、穿工作鞋、不戴首饰、挽起长发等）	3		如不符合标准，则由现场考评员（裁判）提醒并扣分
			☐ 正确设置安全围挡，放置安全警示牌	3		如未操作，则按项目扣除分数
			☐ 数字万用表 ☐ 绝缘垫 ☐ 工作手套 ☐ 无纺布	5		如不齐全或不满足使用要求，则由考生报告现场考评员补齐或更换，仍需检查
			检查零部件是否齐全 ☐ 超声波雷达部件	4		
2	前期准备	5	☐ 检查工作台工具、设备	2		如未操作，则由现场考评员提醒并扣除对应项目分值
			☐ 测量直流电源电压	3		
3	超声波雷达品质检测	65	超声波雷达包装检查 ☐ 外箱无破损、变形；文字、图形、符号无错误	4		如未操作，则按项目扣除分数
			☐ 外箱无脏污，文字、图形、符号清晰可辨认	3		
			☐ 外箱标有产品合格证、出厂日期等信息	3		
			☐ 箱唛内容无填写错误、漏写、多写、涂改	5		
			☐ 箱唛内容字迹清晰	5		
			超声波雷达外观检测 ☐ 无变形、毛刺等缺陷等	5		
			☐ 表面涂层无起泡、裂纹、脱落	5		
			☐ 表面无划痕、碰撞	5		
			☐ 数据线接口无锈斑、氧化	5		
			☐ 接口针脚无缺失、氧化、下陷	5		

（续）

序号	作业内容	配分	作业项目	分值	扣分	备注
3	超声波雷达品质检测	65	超声波雷达性能检测 ☐ 正确连接超声波雷达线束	5		如未操作，则按项目扣除分数
			☐ 测量直流电源电压	5		
			☐ 正确连接电源线束	5		
			☐ 检测超声波雷达测距参数	5		
4	整理设备、工作台	5	☐ 清点超声波雷达部件	3		如未操作，则由现场考评员提醒并扣除对应项目分值
			☐ 清洁入箱	2		
5	恢复场地	10	☐ 整理恢复场地 ☐ 6S 管理（整理、整顿、清扫、清洁、素养、安全）	10		如未操作，则每项扣 2 分，最多扣 10 分
			合　计	100		

考核成绩：_____　　教师签字：_____

附录 O 智能网联汽车超声波雷达装配评分标准

学生姓名：_____　　　　学生学号：_____　　　　操作用时：_____ min

序号	作业内容	配分	作业项目	分值	扣分	备注
1	安全准备	15	☐ 规范着装入场（着装整洁、穿工作鞋、不戴首饰、挽起长发等）	3		如不符合标准，则由现场考评员（裁判）提醒并扣分
			☐ 正确设置安全围挡，放置安全警示牌	3		
			检查工具仪器是否齐全 ☐ 数字万用表 ☐ 扭力扳手 ☐ 电钻 ☐ 卷尺 ☐ 游标卡尺 ☐ 记号笔 ☐ 无纺布 ☐ 绝缘垫 ☐ 工作手套	5		如不齐全或不满足使用要求，则由考生报告现场考评员补齐或更换，仍需检查
			检查零部件是否齐全 ☐ 超声波雷达套件	2		
			☐ 检查确认台架稳定（锁止台架万向轮）	2		
2	检查确认车辆与台架状态	6	☐ 检查确认台架 220V 电源已安全断开	2		如未操作，则由现场考评员提醒并扣除对应项目分值
			☐ 检查确认车辆起停开关置于 OFF 状态	2		
			☐ 检查确认低压 12V 蓄电池负极端子已安全断开	2		
3	安装超声波雷达	59	定位超声波雷达探头位置 ☐ 计算、测量探头安装位置	5		如未操作，则按每项分值扣分；工具落地扣 1 分 / 次；部件落地扣 2 分 / 次
			☐ 标记探头安装位置	5		
			☐ 正确测量探头外径	5		
			☐ 正确选用开孔钻头	5		
			☐ 正确使用电钻开孔	5		
			☐ 正确安装超声波雷达探头	5		

（续）

序号	作业内容	配分	作业项目	分值	扣分	备注
3	安装超声波雷达	59	安装超声波雷达控制器 ☐ 确定超声波雷达控制器安装位置	5		如未操作，则按每项分值扣分；工具落地扣 1 分 / 次；部件落地扣 2 分 / 次
			☐ 正确安装超声波雷达控制器	5		
			连接超声波雷达线束 ☐ 确定超声波雷达探头序号	5		
			☐ 正确连接超声波雷达探头线束	5		
			☐ 正确连接超声波雷达与计算机平台线束	3		
			☐ 正确测量车载电源电压	3		
			☐ 正确连接电源线束	3		
4	拆卸超声波雷达	10	☐ 关闭且断开电源线束	2		如未操作，则由现场考评员提醒并扣除对应项目分值；工具落地扣 1 分 / 次；部件落地扣 2 分 / 次
			☐ 拆卸超声波雷达线束	2		
			☐ 拆卸超声波雷达部件	3		
			☐ 将拆卸零部件放置在指定位置（工作台）	3		
5	恢复场地	10	☐ 整理恢复场地 ☐ 6S 管理（整理、整顿、清扫、清洁、素养、安全）	10		如未操作，则每项扣 2 分，最多扣 10 分
			合　计	100		

备注：工具使用的正确优先顺序为套筒→梅花扳手→呆扳手→活扳手。

考核成绩：_____　　　教师签字：_____

附录 P 智能网联汽车超声波雷达联机调试评分标准

学生姓名：_____　　　学生学号：_____　　　操作用时：_____ min

序号	作业内容	配分	作业项目	分值	扣分	备注
1	安全准备	15	☐ 规范着装入场（着装整洁、穿工作鞋、不戴首饰、挽起长发等）	3		如不符合标准，则由现场考评员（裁判）提醒并扣分
			☐ 正确设置安全围挡，放置安全警示牌	3		
			检查工具仪器是否齐全 ☐ 计算机平台 ☐ 实训车 ☐ 角反射器 ☐ 绝缘垫 ☐ 工作手套 ☐ 无纺布	5		如不齐全或不满足使用要求，则由考生报告现场考评员补齐或更换，仍需检查
			检查零部件是否齐全 ☐ 超声波雷达 ☐ 调测数据线	2		
			☐ 检查确认台架稳定（锁止台架万向轮）	2		
2	检查确认车辆与台架状态	5	☐ 检查确认台架 220V 电源已安全断开	3		如未操作，则由现场考评员提醒并扣除对应项目分值
			☐ 检查确认车辆起停开关置于 OFF 状态	2		
3	联机调试超声波雷达	70	启动超声波雷达上位机软件 ☐ 查看超声波雷达硬件连接状态	4		如未操作，则按每项分值扣分
			☐ 正确摆放角反射器	8		
			☐ 正确选择被测超声波雷达探头	8		
			设置超声波雷达上位机软件参数 ☐ 正确设置通信通道	10		
			☐ 正确选择波特率	10		
			☐ 正确设置所测探头位置	10		

（续）

序号	作业内容	配分	作业项目	分值	扣分	备注
3	联机调试超声波雷达	70	□ 正确使用 candump 命令查看报文数据	10		如未操作，则按每项分值扣分
			□ 正确解析超声波雷达 CAN 报文数据	10		
4	恢复场地	10	□ 整理恢复场地 □ 6S 管理（整理、整顿、清扫、清洁、素养、安全）	10		如未操作，则每项扣 2 分，最多扣 10 分
			合　计	100		

考核成绩：_____　　教师签字：_____

参考文献

［1］徐科军. 传感器与检测技术［M］. 北京：电子工业出版社，2021.

［2］王成，习晓环，杨学博，等. 激发雷达遥感导论［M］. 北京：高等教育出版社，2021.

［3］向敬成，张明友. 毫米波雷达及其应用［M］. 北京：国防工业出版社，2020.

［4］杨利. 传感器与机器视觉［M］. 北京：电子工业出版社，2021.

［5］高社生，何鹏举，杨波，等. 组合导航原理及应用［M］. 西安：西北工业大学出版社，2012.

［6］吴盘龙. 智能传感器技术［M］. 北京：中国电力出版社，2016.

［7］陈宁，徐树杰. 智能汽车传感器技术［M］. 北京：机械工业出版社，2020.

参考文献

[1] 李行健. 学生规范字典[M]. 北京: 语文出版社, 2021.

[2] 王玉新, 刘振前, 徐海涛, 等. 现代汉语通论[M]. 北京: 高等教育出版社, 2021.

[3] 赵学清. 汉语史[M]. 北京: 中国社会科学出版社, 2020.

[4] 叶剑. 古汉语简明教程[M]. 北京: 中国工人出版社, 2021.

[5] 向熹. 简明汉语史[M]. 北京: 商务印书馆, 2011.

[6] 王力. 汉语史稿[M]. 北京: 中华书局, 2016.

[7] 周荐. 汉语词汇学史[M]. 北京: 科学文献出版社, 2020.